Weil Dein Hund es wert ist!
Das Kochbuch für Deinen Hund mit einfachen
Rezepten zum Selbermachen

Philipp Pfote

Philipp Pfote

Weil Dein Hund es wert ist!

Das Kochbuch für Deinen Hund mit einfachen Rezepten zum Selbermachen

Philipp Pfote – Ratgeber aus Tierliebe

Wir vom Philipp Pfote-Team haben eine Mission: Alle Haustiere sollen ein glückliches und gesundes Leben führen. Aus diesem Grund veröffentlichen wir Fachbücher, die sich auf das Tierwohl fokussieren. Unsere Inhalte drehen sich um die Themenbereiche Gesundheit, Sicherheit, Tierglück und eine artgerechte Haltung.

Unterstütze uns auf unserer Mission. Mache auch Du Deinen Liebling zum glücklichsten Tier der Welt.

Inhaltsverzeichnis

Vorwort 9

Gutes Futter für ein langes und 11

gesundes Hundeleben 11

Inhaltsstoffe im Fertigfutter 13

Gesundes Futter 15

Das natürliche Fressverhalten und das Verdauungssystem der Hunde 16

    Die Funktion des Hundemagens 17

    Der Weg der Nahrung durch den Darm 18

    Die Rolle der Organe 19

Welche Nahrungsmittel sind als Hundefutter geeignet? 20

    Fleisch 20

    Knochen 21

    Fisch 24

    Vorsicht bei der Verarbeitung von rohem Fleisch und Fisch 24

    Eier 25

    Milchprodukte 25

    Gemüse und Obst 25

    Getreide 26

    Hülsenfrüchte 28

    Kräuter 28

    Öle 29

    Mineralstoffe 29

    Vitamine 30

Die optimale Zusammensetzung eines ganzheitlichen Hundefutters 31

Trockenfutter oder Nassfutter? 33

So gelingt die Futterumstellung 34

Welche Lebensmittel für Hunde verboten sind 36

    Ungesundes Gemüse 37

    Süß und gefährlich 38

Für jeden Hund das richtige Futter 39

    Wie oft du füttern darfst 39

Wie viel du füttern darfst 40
Die optimale Futterschüssel 41

Die RER-Methode und ihre Anwendung 42

Wissenswertes über Barf 44
Vorteile für die Hundegesundheit. 44
Nachteile für die Gesundheit von Mensch und Tier. 45
Der Barf-Rechner 48
Mangelernährungen vermeiden 49
Spezielle Barf-Varianten 50
Nicht ohne Wissen barfen. 50

Fazit **51**

Fleisch-Rezepte 55
Kalbfleisch mit Nudeln und Kürbis 56
Hühnerfleisch mit Kartoffel-Karottenpüree 57
Eintopf mit Rinderlunge und Reis 58
Rind oder Huhn mit Haferflocken 59
Hühnchen mit Gemüse und Nudeln 60
Hühnerbrust mit Reis und Karotten 61
Eintopf mit Lamm und Rote Beete 62
Rinderhack mit Gemüse 63
Reis-Gemüse-Pfanne mit Hühnerherzen 64
Kartoffel-Karotten-Suppe mit Huhn 65
Rinderleber mit Quinoa 66
Rinderherz mit Bananen-Milchreis 67
Hackbraten mit Tomate 68
Kartoffelpüree mit Leberwurst 69
Pute mit Kartoffeln und Möhren 70
Lamm mit Süßkartoffeln und Apfel. 71
Hühnchen mit Brokkoli 72
Kaninchen mit Süßkartoffeln 73
Eintopf mit Hackfleisch und Gemüsereis. 74
Rindergulasch mit Kartoffeln und Karotte 75
Rind und Lamm mit Blumenkohl und Kartoffeln 76
Putenbrust mit Ei 77
Rinderherz mit Karotten und Kartoffeln 78

Fisch-Rezepte **79**

Rührei mit Thunfisch 80

Gebackener Thunfisch mit Eiern 81

Lachs mit Nudeln 82

Lachs mit Kartoffeln und Spinat 83

Lachs mit Kartoffeln, Apfel und Karotte 84

Omelette mit Thunfisch 85

Fischfilet an Gemüsereis 86

Fischfrikadellen 87

Fischsuppe 88

Auflauf mit Fisch und Nudeln 89

Fisch-Vielfalt mit Reis und Kartoffeln 90

Vegetarische Rezepte **91**

Grüner Smoothie 92

Früchte-Müsli 93

Kichererbsen mit Gemüse 94

Gemüsesuppe 95

Vegetarische Pizza 96

Kohlrabi-Karotten-Suppe 97

Rezepte bei Verdauungsbeschwerden **99**

Morosche Karottensuppe 100

Schonkost mit Hüttenkäse 101

Seelachs mit Reis 102

Vegetarische Schonkost bei Magenbeschwerden 103

Pute mit Haferflocken und Kartoffeln 104

Hühnerfleisch mit Reis und Hüttenkäse 105

Barf-Rezepte **107**

Fisch mit Süßkartoffeln und Blattspinat 108

Pute mit Fenchel und Brokkoli 109

Rindergulasch mit Blättermagen und Entenhälsen 110

Rindfleisch mit Spinat und Birne 111

Wildlachs mit Rind 112

Rindfleisch mit gemischtem Gemüse 113

Schaf mit Sellerie und Salat 114

Pute mit Obst 115

Für den Veggie-Day 116

Rindfleisch mit Brokkoli und Banane 117
Bei Verdauungsproblemen 118
Hundefutter zum Einwecken 119

Rezepte für Leckerlis & Hundekekse **121**
Bananenkekse 122
Roggenkekse mit Karotte 123
Apfelplätzchen 124
Hundekuchen 125
Leberwurst-Kekse 126
Leckerli mit Thunfisch 127
Kekse mit Sesam und Erdnussbutter 128
Käsekekse 129
Hundekekse zur Zahnpflege 130
Kartoffelkekse 131
Kekse mit Babykost 132
Eiskekse mit Joghurt und Erdnuss 133

Eis für Hunde **135**
Grundrezept 136
Bananen-Eis 136
Quark-Eis 136
Leberwurst-Eis 137
Wassermelone-Joghurt-Eis 137
Haferflocken-Joghurt-Eis 137

Quellenverzeichnis **138**

Vorwort

Du möchtest deinem Hund eine ausgewogene und gesunde Ernährung ermöglichen, doch das Angebot und die Möglichkeiten erscheinen endlos und verwirrend. Trockenfutter, Nassfutter, vegetarisches Futter... oder doch barfen? Hand aufs Herz: Das Thema „Hundeernährung" gleicht dem sprichwörtlichen Wald, der vor lauter Bäumen nicht mehr zu erkennen ist.

Grundverschiedene Philosophien der Hundeernährung, Fachbegriffe und oftmals erbittert geführte Debatten über die vermeintlich einzig richtige Ernährung unserer Vierbeiner bestimmen den Diskurs offline wie online.

Wir vom Philipp Pfote-Team haben die Erfahrung gemacht, dass viele Hundehalter und Hundehalterinnen im Urwald der Informationen den Überblick verlieren. Daher haben wir dieses Buch verfasst, das Kochbuch und Ratgeber in sich vereint. Wir bieten uns gerne als dein Tourguide an auf deiner Reise durch den Wald der Hundeernährung und begleiten dich an dein Ziel: das Futter zu finden, das genau dein Hund braucht, um ihm ein langes Leben in Gesundheit und Vitalität zu ermöglichen.

Wir verfolgen dabei den Ansatz, nicht zu urteilen und dir nichts vorzukauen. Wie auf einer gut geplanten Tour durch den Urwald begleiten wir dich durch die Welt des Hundefutters und der Hundeernährung. Wir stellen dir anhand aktueller wissenschaftlicher Erkenntnisse die verschiedenen Methoden vor, deinen Vierbeiner zu ernähren. Wir zeigen dir, worauf du achten darfst und wie du die richtigen Mengen für deinen Hund zusammenstellst. Dabei verdammen wir keine Methode oder loben eine andere über den Klee. Stattdessen profitierst du von unserem sachlichen Ansatz, mit dem du die für dich und deinen Hund geeigneten Wege durch den Urwald finden wirst.

Denn: Viele Wege führen durch den Wald!

Der erste Teil dieses Buchs liefert dir einen fundierten Überblick über die unterschiedlichen Philosophien der Hundeernährung. Wir erklären, worauf es dabei jeweils ankommt, wie du vermeidest, dass dein Hund durch falsche Fütterung krank wird; und welche Vor- und Nachteile verschiedene Futterarten bieten. Dies ermächtigt dich, selbst eine qualifizierte Entscheidung für deinen Hund zu treffen. Denn eines ist uns ganz besonders wichtig: Jeder einzelne Hund ist ein einzigartiges Wesen mit eigenen Bedürfnissen. Nur du kennst deinen Hund und weißt, was er braucht. Dieses Buch hilft dir dabei, jetzt die beste Entscheidung für deinen vierbeinigen Freund zu treffen.

Im zweiten Teil dieses Ratgebers haben wir für dich verschiedene Rezepte zusammengestellt, sodass du für deinen Hund den Kochlöffel schwingen kannst. Egal, welche Futterarten und Methoden du nach der Lektüre des Fachteils ausprobieren möchtest, du wirst in unserer Rezeptsammlung zahlreiche Gerichte finden. Ob Hauptmahlzeit oder Leckerli, ob Trocken-, Nassfutter oder Rohfutter. Unsere Rezeptsammlung bietet für alle reichlich Auswahl. Sie richtet sich dabei nicht nur an Anfänger und Anfängerinnen. Auch erfahrene Hundehalter und Hundehalterinnen werden in diesem Buch viele Anregungen für leckere Hundegerichte finden.

Mit unseren Rezepten verwöhnst du deinen Liebling mit Speisen, die ihm das Wasser im Maul zusammenlaufen lassen. Du wirst dabei feststellen: Es ist weder aufwendig noch teuer, Futter für deinen Hund selbst zuzubereiten. Probiere es aus. Du wirst begeistert sein!

Nun bleibt uns nichts weiter übrig, als dir viel Spaß im Wald der Hundeernährung zu wünschen. Und natürlich wünschen wir dir ausgelassene Freude bei der Zubereitung unserer Rezepte – und deinem Vierbeiner einen guten Hunde-Appetit!

Dein Philipp Pfote-Team

Gutes Futter für ein langes und gesundes Hundeleben

Verantwortungsbewussten Hundehaltern und Hundehalterinnen stellt sich meist schon recht früh die Frage nach der optimalen Hundeernährung. Auswahl gibt es genug, denn der Markt bietet ein umfangreiches Sortiment an Futtersorten. Wer aber seinem Hund ein langes und gesundes Leben ermöglichen möchte, wird bei der Suche nach dem richtigen Futter schnell auf teilweise sehr unterschiedliche Auffassungen stoßen.

Neben der Wahl zwischen Trocken- und Nassfutter gibt es gute Gründe, die für eine alternative Fütterung oder aber für eine Rohfütterung sprechen. Die Entscheidung ist nicht einfach; wäge sie für die individuelle Verfassung deines Vierbeiners ab, denn die Bedürfnisse jedes einzelnen Hundes können stark variieren und werden sich im Laufe seines Lebens sowieso verändern.

Es ist aber nicht nur das gesteigerte Bewusstsein für die eigene gesunde Ernährung, das dazu geführt hat, dass die Fütterung von Hunden genauer untersucht wurde. Die zunehmende Verbreitung von Allergien und Krankheiten steigerte ebenfalls das Interesse der Forschung. Eine falsche Ernährung spielt bei solchen Leiden oft eine große Rolle, weshalb die Wahl des Hundefutters in den Fokus der Forschenden geraten ist.

Uns alle eint der Wunsch, unserem Hund nur das beste Futter zu geben. Doch was ist das beste Futter? Hundehalter und Hundehalterinnen haben da die Qual der Wahl!

Während früher oft Essensreste gefüttert wurden, wird inzwischen meist zu Fertigfutter gegriffen. Fertigfutter hat den Vorteil, dass es schnell und unkompliziert verfüttert werden kann. Es ist keine Zubereitung nötig; überdies vermittelt es den Eindruck, genug für die Ernährung des Hundes getan zu haben. Ob dies tatsächlich der Fall ist, hängt von der Zusammensetzung und den Inhaltsstoffen des Fertigfutters ab.

Inhaltsstoffe im Fertigfutter

Inzwischen stehen Tierärzte und Fachleute vielen Fertigfuttersorten kritisch gegenüber, da sich chemische oder wenig qualitätsvolle Bestandteile negativ auf die Gesundheit des Hundes auswirken können. In vielen Trockenfutterarten werden pflanzliche Abfallprodukte und große Mengen an Getreide verarbeitet. Dadurch kann das Futter die Verdauung und das Immunsystem belasten, Allergien auslösen und die Zahn- und Maulhygiene ungesund beeinflussen.

Neben Futtermittelallergien, die sich beispielsweise in Form von Hautproblemen oder Durchfall äußern, gibt es noch eine Vielzahl anderer Krankheiten, die mit der Fütterung in Zusammenhang stehen können. Dazu zählen unter anderem Diabetes, Herzerkrankungen, Laktoseintoleranz, Reizdarmsyndrom und Niereninsuffizienz.

Als Ursachen werden oft der zu hohe Getreideanteil im Fertigfutter genannt sowie die Verwendung von Konservierungsmitteln, Geschmacksverstärkern und Aromastoffen. Beim Trockenfutter können zum Beispiel auch Futtermittelmilben die Ursache für das Auftreten einer Allergie sein.

Häufig beinhaltet Fertigfutter zu viel Energie und Kohlenhydrate, jedoch zu wenig Ballaststoffe, was zu Übergewicht führt. Arthrose und häufig auch Rückenbeschwerden sind die Folge.

Übergewicht und Skeletterkrankungen wie die Hüftgelenkdysplasie können durch hohe Anteile von Soja im Futter begünstigt werden. Soja ist nicht nur günstig erhältlich, sondern steht außerdem meist nur in genmanipulierten Varianten zur Verfügung, die Veränderungen in den Erbanlagen verursachen können. Darüber hinaus löst auch Soja, genauso wie Mais und Weizen, sehr häufig Allergien bei Hunden aus.

Vor allem sind es aber die Zusatzstoffe im Fertigfutter, die produktionsbedingt beigefügt werden müssen, und die zu gesundheitlichen Problemen führen können. Diese Zusatzstoffe werden meist chemisch erzeugt oder aus gentechnisch veränderten Mikroorganismen gewonnen.

Im Produktionsprozess des Fertigfutters übernehmen sie verschiedene Aufgaben. Sie wirken zum Beispiel konservierend oder auch antioxidativ. Außerdem werden sie als Säuerungsmittel, zur Farbstabilisierung oder zur Bindung von Feuchtigkeit eingesetzt.

Es ergibt daher Sinn, genauer hinzusehen, welches Hundefutter du kaufst. Meist lassen sich die Bestandteile des Fertigfutters allerdings nicht genau erkennen, da viele Angaben unklar sind. Vor allem die sogenannten tierischen Nebenerzeugnisse können nicht nur in ihrer Qualität, sondern auch inhaltlich sehr frei interpretiert werden. Werden sie nicht genauer definiert, dann handelt es sich meist um Abfälle der Fleisch- und Fischindustrie, die dort nicht verwendet werden können.

Häufig ist der Anteil an Fleisch und Knochen im Fertigfutter nicht nur von schlechter Qualität, sondern auch noch deutlich zu gering. Durch die industrielle Herstellung des Futters unter hohen Temperaturen werden zusätzlich die enthaltenen Proteine, Enzyme und Vitalstoffe vernichtet.

Um das Futter diesbezüglich wieder aufzuwerten, werden einige synthetische Vitamine und Mineralien hinzugefügt. Selbstverständlich können diese Ergänzungen nicht mit einem Hundefutter mithalten, das aus frischen Zutaten besteht und sämtliche Vitalstoffe und Enzyme in genau der Menge enthält, die dein Hund benötigt, um gesund und vital zu bleiben.

Da unsere vierbeinigen Freunde nur natürliche Stoffe verdauen können, sind auch synthetisch hergestellte Vitamine im Fertigfutter wenig nützlich. Sie werden meist einfach ausgeschieden. Die Folge ist ein Vitaminmangel, der den Stoffwechsel und das Immunsystem negativ beeinflusst und zu Schäden und Krankheiten führen kann.

Nicht zuletzt beinhaltet Fertigfutter zahlreiche synthetische Zusatzstoffe in Form von Farbstoffen, Aromen, Konservierungsstoffen und Emulgatoren oder Stabilisatoren. Ein Hinweis, dass das Futter keine Konservierungsstoffe enthalte, kann bedeuten, dass die Zutaten bereits konserviert wurden, ehe der Futterhersteller sie verwendet. Alternativ können statt der Konservierungsstoffe auch giftige chemische Antioxidantien verwendet worden sein, die für Konservierung sorgen.

Generell hilft es, bei der Auswahl von Trockenfutter darauf zu achten, ob dieses kaltgepresst wurde. Bei der meist üblichen Herstellung unter hohen Temperaturen gehen wie gesagt wertvolle Inhaltsstoffe verloren, während sie im kaltgepressten Trockenfutter erhalten bleiben. Ob ein Fertigfutter jedoch tatsächlich all die Inhaltsstoffe liefert, die dein Hund für ein langes und gesundes Leben benötigt, bleibt fraglich.

Gesundes Futter

Selbstverständlich solltest du nicht erst auf allergische Reaktionen oder Krankheitsanzeichen warten, um dir darüber Gedanken zu machen, wie du die Fütterung deines Hundes optimieren kannst. Inzwischen weiß man, dass zahlreiche Krankheiten, die nicht nur die Lebensqualität beeinträchtigen, sondern auch die Lebenserwartung des Hundes verkürzen, durch die richtige Ernährung vermieden werden können.

Die Auswirkungen einer ungesunden Ernährung zeigen sich nicht sofort. Meist dauert es Monate oder sogar Jahre, bis die Probleme deutlich werden. Nicht immer sind dann aber die Schädigungen noch zu beheben.

Um deinem Hund ein gesundes und langes Leben zu ermöglichen, empfehlen wir dir, frühzeitig über eine optimale Ernährung nachzudenken und dich zu informieren. Es gibt viele Alternativen zum industriellen Fertigfutter, und die meisten Rezepte, um gesundes Hundefutter selbst herzustellen, sind schnell zubereitet und auch gar nicht so teuer. Du wirst feststellen, dass du viele Zutaten bereits zu Hause hast. Es gibt daher kaum Ausreden, um auf eine gesunde Fütterung des Hundes zu verzichten.

Probiere es aus. Dein Hund wird es dir danken!

Das natürliche Fressverhalten und das Verdauungssystem der Hunde

Ehe wir uns auf die Suche nach dem optimalen Futter für deinen Hund begeben, möchten wir dir vom natürlichen Fressverhalten von Hunden berichten. Hierbei spielt vor allem die Abstammung vom Wolf eine wichtige Rolle. Als Mitglied der biologischen Ordnung der Fleischfresser (Karnivoren), gehört daher auch der Hund zu den Fleischverschlingern. Allerdings sprechen auch Gründe dafür, ihn den Allesfressern (Omnivoren) zuzuordnen, da er in gewissen Mengen pflanzliche Nahrung verwerten kann.

Zur natürlichen Nahrung von Hunden gehört – ganz wie beim Wolf – Fleisch

Um eine möglichst natürliche Ernährung zu ermöglichen, ist es hilfreich, das komplexe Verdauungssystem der Hunde zu verstehen. Da sie von Natur aus in erster Linie Fleischfresser sind, erfolgt keine ausgiebige Aufnahme von pflanzlicher Nahrung. Meist werden pflanzliche Bestandteile nur indirekt aufgenommen, wobei es sich um angedaute Mageninhalte der Beutetiere handelt. Daher kann pflanzliche Nahrung vom Hund als Ergänzung zur Hauptnahrung verwertet werden.

Hunde sind Rudeltiere. Entsprechend erfolgt die Nahrungsaufnahme hastig. Die Zähne werden in erster Linie zum Packen und Zertrennen der Beute genutzt und nicht zum Zerkauen. Durch die Bildung von ausreichend Speichel kann der Hund die Beute leichter verschlingen. Anders als beim Menschen beinhaltet der Hundespeichel jedoch keine Enzyme, um die Verdauung vorzubereiten.

Die Funktion des Hundemagens

Die verschlungene Nahrung gelangt durch die Speiseröhre in den Magen. Der Hundemagen ist ein Hohlmuskel, der meist als Sackmagen bezeichnet wird. Er ist sehr dehnbar und dadurch in der Lage, in kurzer Zeit große Mengen aufzunehmen, die dort bis zu 24 Stunden verweilen können. Die Anbindung des Magens an die Bauchhöhle ist nicht sehr stabil, wodurch es vor allem bei Hunden mit flacher Brust leicht zu einer lebensbedrohlichen Magendrehung kommen kann. Hier hilft nur ein schneller Termin beim Tierarzt beziehungsweise der Tierärztin!

Im Magen erfolgt die Umwandlung des verschlungenen Futters in Nahrungsbrei, der mit Magensaft angereichert wird. Damit die Nahrung aufbereitet werden kann, um die Aufspaltung der Proteine zu ermöglichen, produzieren die Drüsen in der Magenwand Säuren und Verdauungsenzyme. Der Magen schützt sich dabei selbst durch einen eigens produzierten Schleim. Für eine artgerechte Fütterung ist es wichtig zu wissen, dass sich die Menge der produzierten Verdauungssäfte nach der Art der Nahrung richtet. Insbesondere der Fleischanteil ist ausschlaggebend, denn je mehr Fleisch in den Magen gelangt, desto mehr Magensäure wird produziert. Dementsprechend kann der Speisebrei dann schneller in den Dünndarm weitergeleitet werden und die Gärung wird deutlich reduziert.

Diese Zusammenhänge zeigen, dass Hundefutter mit wenig hochwertigem Eiweiß, also mit wenig Fleisch, zu einer Belastung des Verdauungssystems führt. Da weniger Magensäure produziert wird, bleibt das Futter länger im Magen, wo es gärt und sich Gase bilden.

Der Weg der Nahrung durch den Darm

Vom Magen aus gelangt der Nahrungsbrei dann in den Gallengang, wo Gallen- und Pankreassaft hinzugefügt werden, bevor der Brei in den Zwölffingerdarm und anschließen in den Dünndarm gelangt.

Die Gallenflüssigkeit sowie die Enzyme des Pankreassaftes dienen der Neutralisierung der Magensäure und helfen bei der Fettverdauung, während die Pankreasenzyme zusätzlich bei der Verdauung von Eiweiß, Stärke und Kohlenhydraten behilflich sind. Außerdem produzieren sie Insulin. Bei einer gestörten Bauchspeicheldrüse kann sich kein basisches Milieu bilden, was zu Verdauungsproblemen führt.

Die Aufspaltung von Eiweißen, Fetten, Kohlenhydraten und Wasser erfolgt im Leer- und Krummdarm, damit diese Bestandteile dann vom Körper über den Dünndarm aufgenommen werden können.

Da der Hund in erster Linie ein Fleischfresser ist, verfügt er über einen vergleichsweisen kurzen Dünndarm. Für die optimale Verdauung von pflanzlicher Nahrung wäre ein längerer Dünndarm wichtig, um einen längeren Verdauungsprozess zu ermöglichen. Damit der Hund dennoch pflanzliche Nahrung gut verdauen kann, hilft es, sie vor dem Verfüttern durch Erhitzen oder Pürieren aufzubereiten.

Die unverdaulichen und nicht zu verwertenden Bestandteile der Nahrung gelangen schließlich in den Dickdarm, wo ihnen Wasser entzogen wird, was zur Eindickung führt. Dort werden aber auch Vitamine, Salze sowie essenzielle Fettsäuren vom Körper aufgenommen. Dementsprechend ist eine gesunde Darmflora wichtig für die Gesundheit deines Hundes, da sie das Immunsystem unterstützt. Wird die Darmflora durch Antibiotika oder Wurmkuren massiv gestört, führt dies dazu, dass nur noch wenige oder keine Vitamine vom Körper aufgenommen werden können, was das Immunsystem deutlich schwächt.

Die restlichen Bestandteile der Nahrung gelangen anschließend in den Mastdarm und werden dann über den After ausgeschieden.

Ob du deinen Hund ausschließlich vegetarisch oder gar vegan ernähren darfst, ist in der Forschung sehr umstritten. Der Tierarzt Ralph Rückert formuliert es in einem Artikel auf seiner Website so: „Was eine vegane Ernährung des Hundes angeht, gibt es nach meiner Erfahrung und Überzeugung noch so einige offene Messer, in die man mit Sicherheit läuft, wenn man da zu schnell vorprescht." (Rückert, 2018)

Wir wollen daher eine rein vegane Ernährung in diesem Buch nicht weiter behandeln, da sie unbestreitbar dem natürlichen Fressverhalten des Hundes zuwiderläuft.

Die Rolle der Organe

Der Körper des Hundes kann die lebensnotwendigen Nährstoffe über den Darm aufnehmen, ehe sie über die Blutzellen an die Leber weitergegeben werden. Über die dort stattfindenden Stoffwechselvorgänge werden auch toxische Bestandteile, Medikamente oder Umweltgifte aus dem Futter abgelagert, bis sie dann über den Darm und die Nieren wieder aus dem Körper ausgeschieden werden.

Die Leber spielt im Verdauungsprozess des Hundes eine wichtige Rolle, da dort nicht nur Proteine, Kohlenhydrate und Fette, sondern auch Nährstoffe, Fettsäuren und Aminosäuren verarbeitet werden. Außerdem werden in der Leber ebenfalls alte Blutkörperchen abgebaut sowie der Nährstoffspiegel im Blut reguliert und Kupfer, Zink und Eisen gespeichert. Darüber hinaus wacht die Leber über den Vitamin- und Hormonhaushalt und sorgt für die Blutgerinnung.

Damit dieses komplexe Verdauungssystem des Hundes optimal funktioniert, ist eine artgerechte Ernährung wichtig. Um ein Futter zu beurteilen, hilft ein Blick auf den Fleischanteil. Ein hochwertiges Futter weist einen hohen Anteil an fleischhaltiger und naturnaher Nahrung auf. Gleichzeitig ist die Fütterungsempfehlung vergleichsweise gering. Dadurch kann der benötigte Tagesbedarf an Nährstoffen bereits mit kleineren Tagesrationen gedeckt werden und die hochwertigen Bestandteile sorgen für eine gute Verarbeitung.

Machen wir uns die Zusammenhänge im Verdauungssystem des Hundes klar, verstehen wir, dass eine falsche oder qualitativ schlechte Nahrung nach einiger Zeit zu einer Vielzahl von Beschwerden und Krankheiten führen kann. Beispielsweise drohen Blasen- oder Nierensteine, Allergien, Leberschäden, Tumore und verschiedene Erkrankungen der Haut oder des Skeletts.

Entscheidest du dich für eine Ernährung, die sich am natürlichen Fressverhalten orientiert, unterstützt du dadurch die Gesundheit deines Hundes. Dies wiederum zahlt auf die Lebenserwartung und Vitalität deines Lieblings ein.

Welche Nahrungsmittel sind als Hundefutter geeignet?

Zunächst ist es wichtig, dass du dich damit auseinandersetzt, welche Lebensmittel grundsätzlich für deinen Hund geeignet sind.

Fleisch

Wird keine vegetarische oder vegane Ernährung angestrebt, gehört Fleisch zum wesentlichen Element einer gesunden Hundeernährung. Daher sollte eine Mahlzeit auch zum größten Teil aus Fleisch bestehen. Meist wird ein Anteil von 60 bis 70 % empfohlen. Fleisch schmeckt den Hunden nicht nur gut, sondern es enthält neben Proteinen, ungesättigten Fettsäuren und Wasser auch weitere wichtige Elemente wie Mineralstoffe und Vitamine.
Auch Innereien zählen zum Fleisch. Allerdings sollten sie maximal 15 bis 20 % des Fleischanteils ausmachen, da sie zwar viele Vitamine und Nährstoffe beinhalten, aber auch eine große Menge an schädlichem Cholesterin und Purin liefern. Außerdem sind Organe wie Nieren, Leber und Milz häufig mit schädlichen Stoffen belastet, da sie für die Entgiftung des Körpers zuständig sind. Besonders bei empfindlichen Hunden empfehlen wir daher, auf die Verfütterung von Innereien verzichten. Hinzu kommt, dass der Geruch bei der Zubereitung in der Regel unangenehm ist.

Generell stehen zahlreiche Fleischsorten zur Auswahl. Rind, Kalb, Geflügel, Wild, Lamm, Schaf, Ziege oder Pferd können unter anderem gegeben werden. Einige der genannten Fleischsorten schlagen allerdings mit einem hohen Preis zu Buche. Da auch ältere Hunde noch Allergien entwickeln können, achte bei der Zusammenstellung des Futters für deinen Hund am besten darauf, ein bis zwei gängige und erschwingliche Fleischsorten auszulassen. Im Falle einer Allergie kannst du dann diese Fleischsorten für die weitere Ernährung nutzen. Üblicherweise wird vor allem Fleisch vom Rind, Kalb und Huhn für Hundefutter verwendet. Schweinefleisch sowie Wildschweinfleisch sind weniger empfehlenswert. Hier raten wir dazu, höchstens mageres Fleisch zu verwenden, das du unbedingt kochen solltest, da es sonst den tödlichen Aujeszky-Virus übertragen kann. Besser ist es aber, ganz auf Schweinefleisch im Hundefutter zu verzichten.

Sind bereits Allergien bei deinem Hund bekannt, empfehlen wir, Schaf, Lamm oder Kaninchen zuzubereiten, da diese Fleischsorten in der Regel gut verträglich sind. Für eine fettarme Ernährung eignet sich besonders das Fleisch des Huhnes und der Pute, was bei den meisten Hunden auch sehr beliebt ist.

Knochen

Denken wir an die natürliche Ernährung des Hundes, kommen wir um Knochen auf dem Speiseplan nicht herum. Neben der Beschäftigung durch Knabbern und Kauen liefern Knochen außerdem Calcium und Phosphor. Wichtig ist allerdings, dass Knochen nur roh sowie möglichst frisch verfüttert werden dürfen. Selbstverständlich sollte sich die Größe des Knochens an der Größe des Hundes orientieren – das Verschlingen von zu kleinen Knochen vermeidest du bitte unbedingt.

Auf keinen Fall dürfen Knochen gekocht werden, da sie dann leicht splittern und zu Verletzungen führen können. Bitte beachte darüber hinaus, dass Geflügelknochen auch im ungekochten Zustand splittern. Sie sind daher zur Fütterung völlig ungeeignet. Auch Knochen von Schweinen und Wildschweinen dürfen roh nicht gefüttert werden und splittern im gekochten Zustand. Daher sind sie, genauso wie Geflügelknochen, völlig ungeeignet.

Meist ist eine Fütterung von Knochen ein- bis zweimal pro Woche im Anschluss an eine Mahlzeit zu empfehlen. Lasse deinen Hund dabei sicherheitshalber nicht unbeobachtet. Eine häufigere Fütterung ist in der Regel nicht förderlich. Bei einer täglichen Gabe von Knochen kann es bei manchen Hunden zu Beschwerden kommen wie Verstopfung, Durchfall oder Erbrechen.

Die Größe des Knochens sollte zur Größe deines Hundes passen – vor allem dürfen Knochen nicht zu klein sein, ansonsten riskierst du, dass dein vierbeiniger Freund sie verschlingt und sich dabei verletzt. Der Knochen auf dem Foto ist eine Nummer zu groß für den Jack Russell Terrier.

Neben der Lieferung von Calcium sorgen Knochen zusätzlich für eine verbesserte Maulhygiene. Durch das intensive Kauen werden die Zähne gereinigt und von Ablagerungen durch Futterreste befreit.

Falls dein Hund bisher keine Erfahrungen mit Knochen machen durfte, kannst du ihm zunächst Geflügelhälse geben. Bei mehr Routine empfehlen wir Rinderbeinscheiben, Gelenkknochen sowie Markknochen von Rindern und Kälbern, aber auch Lammknochen.

Stücke von einem Hirschgeweih sind zwar bei vielen Hunden sehr beliebt, sollten aber eher nicht verfüttert werden, da sie zu Schäden an den Zähnen führen können.

Über Geflügelhälse wie diese Entenhälse wird sich dein Hund mit Sicherheit sehr freuen!

Viele Hunde können sich eine lange Zeit mit dem Nagen an einem Knochen beschäftigen, was ein weiterer Vorteil dieser Fütterung ist. Dennoch gibt es auch Hunde, die keine Knochen mögen oder sie auch nicht vertragen. In einem solchen Fall kannst du Calcium auch über Knochenmehl, Algenkalk oder zermahlene Eierschalen dem Futter beifügen.

Zeigen sich bei deinem Hund erhöhte Nierenwerte, reduziere bitte die Menge an Knochen, die du verfütterst, um den Phosphorwert zu senken und die Gefahr eines Nierenversagens zu vermeiden.

Fisch

Neben Fleisch wird auch Fisch von vielen Hunden sehr gerne gefressen. Fisch bietet in der Hundeernährung den Vorteil, dass er gut verdaulich und meist sehr fettarm ist. Daher wird Fisch häufig für ältere Hunde verwendet, die eine empfindliche Verdauung haben und zu Übergewicht neigen. Meist empfiehlt es sich in einem solchen Fall, ein oder zwei Fischtage in der Woche einzulegen.

Weitere positive Eigenschaften vom Fisch sind das sehr hochwertige Eiweiß, der hohe Gehalt an Vitamin D sowie die ungesättigten Fettsäuren. Um das Risiko des Fischbandwurms auszuschließen, solltest du den Fisch in der Regel schonend kochen, ehe du ihn verfütterst.

Für die Hundeernährung eignen sich vor allem Fischsorten wie Dorsch, möglichst magerer Wildlachs, Seelachs, Thunfisch, Forelle, Barsch und Rotbarsch, Scholle, Kabeljau, Brasse, Heilbutt, Sardelle und Rotbarbe. Auch Shrimps können verfüttert werden. Nur verwende bitte auf keinen Fall geräucherten Fisch als Futter für deinen Hund.

Ist dein Hund empfindlich und du möchtest seine Ernährung auf Fisch umstellen, so raten wir dir, den Übergang langsam in kleinen Portionen zu gestalten, damit sich die Verdauung daran gewöhnen kann.

Vorsicht bei der Verarbeitung von rohem Fleisch und Fisch

Rohes Fleisch und Fisch bergen die Gefahr, dass Infektionen übertragen werden können, die sowohl beim Hund als auch beim Menschen schwere Erkrankungen auslösen. Daher ist auf eine sorgfältige Hygiene zu achten. Messer und Schneidebrett solltest du nach der Benutzung unbedingt gründlich mit mindestens 75 °C heißem Wasser reinigen. Auf das gründliche Händewaschen müssen wir seit der Corona-Pandemie wohl nicht mehr hinweisen.

Generell sollte Fleisch möglichst bald verarbeitet werden. Die Lagerzeit im Kühlschrank bei maximal 6 °C sollte nur kurz sein. Vor allem bereits zerkleinertes Fleisch und Hackfleisch verwendest du möglichst noch am selben Tag, um das Gesundheitsrisiko für deinen Vierbeiner gering zu halten.

Eier

Vor allem in der vegetarischen Hundeernährung sind Eier essenziell, denn sie liefern Proteine, und das Eigelb enthält fettlösliche Vitamine. Bei der Zubereitung ist zu beachten, dass dein Hund kein rohes Eiweiß verträgt.

Milchprodukte

Die meisten Hunde sind zwar laktoseintolerant, dennoch eignen sich einige, vor allem angesäuerte Milchprodukte für die Zubereitung von gesundem Hundefutter, da sie neben Proteinen auch verschiedene Vitamine und Mineralstoffe wie Calcium und Kalium enthalten. Sollten dennoch Unverträglichkeiten auftauchen, was individuell unterschiedlich sein kann, schlagen wir vor, dass du auf Milchprodukte eher verzichtest. Es hilft letztendlich nur auszuprobieren, was deinem Hund guttut und ihm auch schmeckt.

Die meisten Hunde vertragen problemlos mageren Quark und Naturjoghurt, die beide viel Eiweiß, aber wenig Milchzucker enthalten. Hüttenkäse bietet ebenfalls einen hohen Eiweißgehalt, dabei wenig Fett, und ist allgemein gut verdaulich. Buttermilch wird ebenfalls gut vertragen, hat wenig Fett, aber viel Calcium.
Um die Darmflora wieder aufzubauen, wenn zum Beispiel Antibiotika oder eine Wurmkur gegeben wurde, eignet sich Kefir, was reich an Vitaminen der Klasse B ist.

Als gelegentliches kleines Leckerli kann ein fettarmer, milder Käse verwendet werden. Allerdings solltest du diesen nur in geringen Mengen verfüttern, da der Gehalt an Fett und Salz meist recht hoch ist.

Gemüse und Obst

Auch pflanzliche Nahrung gehört zu einer gesunden und ausgewogenen Hundeernährung. Bei der Zubereitung achte bitte darauf, dass dein Hund Gemüse am besten verträgt, wenn es gedämpft und anschließend zerkleinert wurde. So lässt es sich auch gut unter eine Fleisch-mahlzeit mischen. Manche Hunde fressen zwischendurch gerne ein ganzes Stück Gemüse, beispielsweise eine Möhre. Probiere es ruhig einmal aus.

Wenn du Obst verfüttern möchtest, empfehlen wir, nur wirklich reife Früchte zu verwenden, um Verdauungsproblemen vorzubeugen. Außerdem sind dann die enthaltenen Enzyme am wirksamsten. Die klein geschnittenen Früchte mische am besten erst kurz vor dem Verfüttern unter das Futter. Auf diese Weise ist die Wahrscheinlichkeit am größten, dass dein Liebling die Beigabe akzeptiert. Da Obst sehr süß ist, gib deinem Hund davon bitte nur in Maßen. Erfahrungsgemäß darf eine Mahlzeit zu 15 bis 20 % aus Obst und Gemüse bestehen. Bei einer getreidefreien Fütterung darf der Anteil bei bis zu 30 % liegen.
Achte dabei bitte darauf, Obst nur in geringen Mengen zu geben. Siehe dazu auch das Kapitel „Die optimale Zusammensetzung eines ganzheitlichen Hundefutters". Informiere dich bitte außerdem im Kapitel „Welche Lebensmittel für Hunde verboten sind" über No-Gos in Sachen Obst und Gemüse.

Da sowohl Obst als auch Gemüse häufig mit Spritzmitteln und Umweltgiften belastet sind, müssen diese Lebensmittel vor der Verfütterung gründlich gewaschen werden. Optimal wäre es, Obst und Gemüse aus biologischem Anbau zu nutzen, alternativ reinigst du die Lebensmittel mit Natronwasser, was zumindest einen großen Teil der schädlichen Stoffe beseitigt. Mische dazu 1 EL Haushaltsnatron in 2 l Wasser. Spüle die Lebensmittel nach dem Waschen noch mit klarem Wasser ab.

Bei der Auswahl von Gemüse und Früchten ist es bedeutsam, die Verträglichkeit zu testen. Beobachte deinen Hund nach der erstmaligen Futtergabe daher genau.

Getreide

Getreide ist in unterschiedlicher Form häufig in Fertigfutter zu finden. Meist wird dafür Weizen, Gerste, Roggen, Hafer, Dinkel oder Reis verwendet. Generell brauchen Hunde kein Getreide für eine gesunde Ernährung. Es gibt auch zahlreiche Hunde, die Getreide sogar schlecht vertragen oder eine Allergie entwickeln.

Dennoch kann es Sinn ergeben, Getreide in begrenzten (kleinen) Mengen für die Hunde-ernährung zu nutzen, denn es liefert schnell verfügbare Energie. Daher kann Getreide für Hunde, die im Hundesport aktiv sind, oder während der Trächtigkeit und Säugezeit hilfreich sein. Auch bei Unterernährung oder zur Erholung nach einer schweren Krankheit ist Getreide sinnvoll, da es Vitamine, Mineralstoffe und Eiweiße liefert.

Ist dein Hund empfindlich, raten wir dir, glutenfreie Getreidesorten zu wählen wie zum Bei-spiel Hirse, Vollkornreis, Vollkorndinkel und Vollkornhafer. Oft wird auch Mais in diesem Zusammenhang genannt, der zwar günstig, jedoch häufig der Grund für Allergien ist und die Verdauung belastet.

Für selbst gemachtes Hundefutter eignet sich auch Amaranth, der das Immunsystem stärkt und sich positiv auf das Fell auswirkt, sowie Quinoa, das besonders eiweißreich und ka-lorienarm ist. Auch Buchweizen darfst du gerne beimischen; er wirkt sich positiv auf den Blutzucker, das Herz und die Venen aus.

Quinoa ist besonders eiweißreich und kalorienarm. Achte aber im Sinne der Nachhaltigkeit darauf, woher das Produkt kommt. Speziell Quinoa legt oft immense Transportwege zurück, um ins Regal unserer örtlichen Supermärkte zu gelangen.

Leidet dein Hund an Übergewicht oder nimmt er zu, ist es besser, auf Getreide in der Ernährung zu verzichten.

Hülsenfrüchte

Vor allem bei einer vegetarischen Hundeernährung spielen Hülsenfrüchte, wie Erbsen, Bohnen, Linsen und Kichererbsen eine wichtige Rolle. Neben Eiweiß und Kohlenhydraten liefern sie unter anderem zahlreiche Vitamine, Aminosäuren, Ballaststoffe, Eisen und Magnesium. Durch ihren niedrigen glykämischen Index eignen sie sich besonders zum Abnehmen und bei Diabetes.

Beim Verfüttern von Hülsenfrüchten beachte bitte, dass du sie unbedingt für 12 bis 24 Stunden einweichst, dann abspülst und anschließend 30 bis 60 Minuten lang kochst. Im rohen Zustand wirkt das in ihnen enthaltene Phasin giftig und in großen Mengen sogar tödlich.

Da Sojabohnen meist genmanipuliert und mit Schadstoffen belastet sind, können sie die Gesundheit deines Hundes belasten und sollten nicht als Hundefutter genutzt werden.
Bei Hunden mit empfindlicher Verdauung ist es sinnvoll, ganz auf Hülsenfrüchte zu verzichten oder deren Anteil zumindest stark zu reduzieren.

Kräuter

Neben Vitaminen und Mineralstoffen wirken manche Kräuter heilend bei gesundheitlichen Herausforderungen. Sei bei der Dosierung und Häufigkeit der Gabe von Kräutern aber lieber zurückhaltend.
Grundsätzlich kannst du Kräuter fein gehackt unter das Futter mischen. Dazu eignen sich zum Beispiel Löwenzahnblätter, junge Brennnesselblätter oder junger Giersch.
Petersilie darf nicht während der Trächtigkeit verfüttert werden und Schnittlauch nur in geringen Mengen, da er Allicin enthält, was zu Vergiftungserscheinungen führen kann.

Öle

Bei einer gesunden, abwechslungsreichen und ausgewogenen Hundeernährung dürfen auch Öle nicht fehlen, da sie gesättigte und ungesättigte Fettsäuren enthalten, die für ein langes Leben wichtig sind.

Zur Auswahl stehen einige kaltgepresste pflanzliche Öle. Beachte bitte, dass diese Öle nach spätestens drei Monaten verderben. Werden sie nicht kühl und dunkel aufbewahrt, verderben sie sogar noch schneller. Besonders empfindlich ist Leinöl, das du bitte stets im Kühlschrank aufbewahrst. Neben Leinöl darfst du gerne Hanföl, Rapsöl, Nachtkerzenöl, Weizenkeimöl, Maisöl oder Walnussöl verwenden.

Für eine zusätzliche Dosis Vitamin E mische Weizenkeimöl oder Distelöl bis zu viermal die Woche ins Futter. Empfehlenswert ist eine Dosierung von 0,3 g Öl pro kg Körpergewicht deines Hundes.

Von den tierischen Ölen werden unter anderem Lebertran, Lachsöl oder Dorschöl gefüttert, die die wichtigen Omega-3-Fettsäuren enthalten. Etwa zweimal pro Woche können diese Öle in Abwechslung zu pflanzlichen Ölen verwendet werden.

Im Regelfall solltest du die Dosierung des Öls an die Körpergröße deines Vierbeiners anpassen. Bei kleinen Hunden reichen 0,5 TL Öl, für einen Hund bis etwa 20 kg darf es 1 TL sein, und bei großen Hunden 1,5 bis 2 TL Öl am Tag. Fütterst du sehr fetthaltiges Fleisch, kannst du die Beigabe von Öl etwas reduzieren. Um Mangelerscheinungen zu vermeiden, hilft es, verschiedene Öle im Wechsel zu füttern.

Da manche Öle intensiv riechen, wird dein Hund sie möglicherweise nicht gleich annehmen. In einem solchen Fall hilft es, erst nur ein paar Tropfen unter das Futter zu mischen und die Menge langsam zu steigern.

Mineralstoffe

Damit dein Hund lange gesund und vital bleibt, sind Mineralstoffe wichtig. Bei einer ausgewogenen Ernährung kann dein Hund die nötigen Mineralstoffe über das Futter aufnehmen.

Doch es gibt Phasen im Leben eines Hundes, in denen es wichtig sein kann, Mineralstoffe gezielt zuzufüttern. Das kann bei oder nach einer Krankheit, während des Wachstums, im Alter oder bei Trächtigkeit und in der Säugezeit sein.

Die wichtigsten Mineralien sind Calcium und Phosphor, aber auch Magnesium, Natrium und Chlorid sowie Kalium spielen in der Gesundheit deines Hundes eine wichtige Rolle.

Wir raten dir jedoch, darauf zu achten, deinem Vierbeiner nicht zu viele Mineralstoffe zu verfüttern, da dies ebenfalls negative Folgen haben kann. Vor allem Leber und Nieren werden durch eine Überversorgung mit Mineralstoffen belastet.
Fürchtest du bei deinem Liebling hingegen einen Mineralstoffmangel, ziehe bitte unbedingt einen Tierarzt beziehungsweise eine Tierärztin zu Rate, da falsche Dosierungen zu schweren gesundheitlichen Schäden führen können.

Vitamine

Vitamine lassen sich in fettlösliche und wasserlösliche Vitamine aufteilen. Die Vitamine A, D, E und K sind fettlöslich, während die B-Vitamine und das Vitamin C wasserlöslich sind.

Auch bei den Vitaminen ist die richtige Menge entscheidend. Eine Unterversorgung kann genauso schädlich sein wie eine dauerhafte Überversorgung. Daher empfehlen wir auch für den Vitaminhaushalt, die weitere Versorgung mit deinem Tierarzt oder deiner Tierärztin abzuklären.

Die optimale Zusammensetzung eines ganzheitlichen Hundefutters

Eine gesunde Hundeernährung setzt sich unserer Meinung nach aus tierischer und pflanzlicher Nahrung zusammen, wobei der Anteil tierischer Nahrung deutlich überwiegen sollte. Meist ist ein Verhältnis von 70 bis 80 % tierischer Anteile zu 20 bis 30 % pflanzlicher Bestandteile sinnvoll.

Allerdings ist auch die Art der tierischen Anteile, die in den 70 bis 80 % enthalten sind, von großer Bedeutung. Wir raten dazu, dass Muskelfleisch etwa die Hälfte davon ausmachen sollte. Die weiteren Bestandteile können zu 20 % aus Pansen oder Blättermagen, zu 15 % aus Innereien und zu 15 % aus Rohfleischknochen bestehen.
Wir empfehlen, den pflanzlichen Anteil zu 90 % aus Gemüse und nur zu 10 % aus Obst zusammenzustellen. Bei dem Obst handelt es sich daher eher um eine kleine Leckerei und nicht um einen wichtigen Bestandteil der Ernährung.
Zur täglichen Ernährung darf Gemüse in Kombination mit Fleisch einen Anteil von 15 bis 20 % ausmachen. Bei getreidefreier Fütterung sollte der tägliche Anteil etwa 30 % betragen. Früchte können ebenfalls täglich verfüttert werden; hier ist uns noch mal der Hinweis wichtig, dass der Anteil am Gesamtfutter bei maximal 10 % liegen darf, da sie sehr süß sind.

Möchtest du einen wöchentlichen Fischtag einlegen, so wird an diesem Tag das Fleisch in der gleichen Menge durch Fisch ersetzt. Bei der Fütterung von Leber und Innereien raten wir dazu, diese ein- oder zweimal in der Woche einzuplanen, wobei ein Anteil von 10 bis 15 % je Mahlzeit zu empfehlen ist. Rohe Knochen können ebenfalls ein- oder zweimal in der Woche gegeben werden.

Milchprodukte darfst du ebenfalls gerne füttern. Sie können mit einem Anteil von etwa 10 % zweimal in der Woche gefüttert werden. Bei einer fleischlosen Ernährung sollten sie einen Anteil von 40 bis 50 % betragen und fünf- bis siebenmal in der Woche auf dem Speiseplan stehen.

Eier können ein- bis zweimal pro Woche mit jeweils ein oder zwei Stück eingeplant werden. Auch hier ist zu berücksichtigen, dass bei einer fleischlosen Fütterung zwei- bis dreimal in der Woche ein oder zwei Eier verwendet werden können.

Zwei- bis dreimal in der Woche kann Getreide eingeplant werden, wenn keine Allergie bekannt ist. Hier sollte der Anteil 5 bis 10 % ausmachen.

Die Dosierung bei der Verwendung von Hülsenfrüchten ist abhängig davon, ob Fleisch gefüttert wird oder nicht. In Kombination mit Fleisch können Hülsenfrüchte alle zwei bis drei Wochen mit einem Anteil von 5 bis 10 % auf dem Speiseplan stehen. Bei einer fleischlosen Ernährung sollten sie fünfmal in der Woche verwendet werden und einen Anteil von 40 % ausmachen.
Wir empfehlen dir, rund viermal wöchentlich ein Öl, das Vitamin E enthält, einzuplanen. Empfehlenswert sind zum Beispiel Distelöl und Weizenkeimöl. Je nach Größe des Hundes reicht ein halber oder ein ganzer Teelöffel.

Diese Zusammenstellung kannst du durch unterschiedliche Zusätze ergänzen, die individuell variieren. Dabei kannst du neben Ölen auch auf Kräuter zurückgreifen oder auch andere Produkte verwenden, die vor allem beim Barfen als Ergänzung gefüttert werden.

Trockenfutter oder Nassfutter?

Möchtest du Fertigfutter kaufen, hast du die Wahl zwischen Trockenfutter und Nassfutter. Der entscheidende Unterschied zwischen diesen beiden Futterarten ist der Wassergehalt. Während Nassfutter mindestens 60 % Wasser enthält, besteht Trockenfutter nur zu 3 bis 12 % aus Wasser.

Der Wassergehalt sorgt dafür, dass Trockenfutter sehr viel länger haltbar ist als Nassfutter. Außerdem ist Trockenfutter energiereicher, was dafür sorgt, dass meist weniger gefüttert werden muss im Vergleich zum Nassfutter. Eine Ernährung mit Trockenfutter ist daher oftmals günstiger als eine mit Nassfutter. Ein weiterer Vorteil ist die einfache Handhabung. Außerdem unterstützt Trockenfutter die Zahnpflege, indem die harten Bestandteile dafür sorgen, dass Beläge von den Zähnen abgerieben werden.

Gerade wählerische Hunde bevorzugen allerdings Nassfutter, was sicherlich am Geschmack liegt. Durch den höheren Wassergehalt erreichst du meist noch eine positive Wirkung auf den Flüssigkeitshaushalt deines Vierbeiners, was vor allem bei Hunden wichtig ist, die wenig trinken. Da du vom Nassfutter tendenziell größere Mengen verfütterst, eignet es sich besonders für Hunde, die Übergewicht entwickeln, da sie von diesem Futter mehr fressen können.

Pauschal lässt sich nicht sagen, welche Futterart die bessere ist. Entscheidend sind immer auch die genauen Inhaltsstoffe. (Siehe dazu auch das Kapitel „Inhaltsstoffe im Fertigfutter".) Achte darauf, ob das Produkt, für das du dich entschieden hast, als sogenanntes Alleinfutter ausgewiesen ist. Nur dann muss es alle Nährstoffe, Vitamine und Mineralstoffe beinhalten, die dein Hund braucht. Handelt es sich nicht um ein Alleinfutter, solltest du zusätzlich Ergänzungsfuttermittel verfüttern, um Mangelerscheinungen vorzubeugen.

So gelingt die Futterumstellung

Es gibt viele Gründe, warum eine Futterumstellung nötig oder wichtig sein kann. Vor allem, wenn dein Hund allergische Reaktionen zeigt oder eine Erkrankung vorliegt, wirst du eine Futterumstellung kaum vermeiden können. Vielleicht möchtest du auch vom Fertigfutter auf selbst zubereitetes Hundefutter umstellen (vermutlich hast du dir genau deshalb dieses Buch gekauft), und auch ein neuer Hund wird sich nicht nur auf eine geänderte Umgebung, sondern meist auch auf ein neues Futter einstellen müssen.

Häufig sind es inzwischen Allergien, die dafür sorgen, dass Hundehalter und Hundehalterinnen sich Gedanken über die Ernährung des Hundes machen und dann meist von Fertigfutter auf selbst zubereitetes Hundefutter umsteigen. Futterallergien können sich in jedem Alter entwickeln. Nicht nur Welpen sind betroffen, sondern auch die lieben Senioren unter den Vierbeinern.
Zeigen sich bei deinem Hund allergische Reaktionen, bitten wir dich, möglichst schnell die Ursache auszumachen. Häufig sind bestimmte Zusatzstoffe im Fertigfutter der Auslöser. Damit dann die Futterumstellung auf frisch gekochtes, rohes oder vegetarisches Futter gelingt, raten wir dir, ein paar Dinge zu beachten.

Viele begehen den Fehler, die Umstellung zu schnell zu vollziehen. Vor allem Hunde, die viele Jahre dasselbe Trockenfutter bekommen haben, können auf diese Weise Beschwerden entwickeln. Wird von heute auf morgen das Futter gewechselt, kann die Verdauung deines Hundes empfindlich reagieren. Die Folgen sind meist Erbrechen oder Durchfall. Bei einer sensiblen Verdauung kann es sogar ein paar Tage dauern, bis sich der Organismus wieder beruhigt. Entsprechend belastend ist dies für deinen Hund.
Wir raten daher dazu, deinem Hund und seiner Verdauung die Futterumstellung zu erleichtern. Für einen schonenden Wechsel der Ernährung darfst du zunächst das bisherige Futter in mehrere kleine Portionen aufteilen, die dann im Laufe des Tages gefüttert werden. Optimal sind in der Regel fünf bis sechs Portionen.
Im nächsten Schritt ersetzt du eine dieser Portionen durch das neue Futter. Gibt es keine Schwierigkeiten, kannst du nach zwei oder drei Tagen eine weitere Portion durch das neue

Futter austauschen. Im selben Rhythmus fährst du fort, bis du alle Portionen durch das neue Futter ersetzt hast. Zeigen sich zwischendurch Probleme in Form von Erbrechen oder Durchfall, lasse deinem Hund mehr Zeit für die Umstellung, indem du die Zeiträume zwischen dem Austauschen der Portionen vergrößerst.

Mit dieser Strategie können sich auch Hunde mit einer besonders empfindlichen Verdauung ohne Beschwerden an ein neues Futter gewöhnen, wenn du ihnen genug Zeit gibst und die Futtermengen des neuen Futters langsam steigerst.

Hast du dich für ein neues Futter entschieden, ist es wichtig, auch die Futterration entsprechend anzupassen, denn bei einer anderen Futterart oder Futterzusammensetzung wird sich auch die tägliche Futtermenge ändern. Für Fertigfutter gilt: Informiere dich beim Hersteller über die richtige Futterration. Neben der jeweiligen Größe und dem Gewicht des Hundes, spielt auch sein Alter und seine Aktivität eine wichtige Rolle, um die optimale Futtermenge zu bestimmen.

Für eine problemlose Umstellung ist es wichtig, die Futtermenge langsam anzupassen. Hast du die Menge erreicht, die vom Hersteller empfohlen wird, ist es angebracht, sowohl das Gewicht deines Hundes als auch seine allgemeine Verfassung zu beobachten, um zu erkennen, ob du die Futtermenge doch noch anpassen musst. Zur Gewichtskontrolle schlagen wir dir vor, deinen Hund zwei- oder dreimal im Monat zu wiegen und das Ergebnis zu notieren. So erkennst du Veränderungen gleich und kannst die Futtermenge entsprechend anpassen.

Stellst du nach der Futterumstellung fest, dass sich das Gewicht deines Hundes nicht so verändert wie von dir beabsichtigt, obwohl du die Futtermenge entsprechend angepasst hast, kann ein erneuter Futterwechsel nötig sein. Manchmal zeigt auch dein Hund durch widerwilliges Fressen, dass ihm das neue Futter einfach nicht schmeckt.

In solchen Fällen hilft meist nur, eine andere Futtersorte auszuprobieren. Häufig ergibt es auch Sinn, auf selbst zubereitetes Futter umzustellen, da du nur dann genau weißt, was enthalten ist. Vor allem, wenn du bei deinem Hund bereits Allergien festgestellt hast, ist dies die beste Alternative, um die empfindliche Verdauung deines Lieblings zu schonen.

Beim Wechsel auf selbst zubereitetes Hundefutter stellt sich die Frage, wie oft und in welchen Anteilen das Futter zu geben ist. In der Futtermenge kannst du dich anfangs an der bisher gefütterten Menge orientieren. Da selbst gekochtes Hundefutter oftmals hochwertiger ist, kannst du die Menge in der Regel nach und nach etwas reduzieren.

Steigerst du das neue Futter langsam in der Menge und behältst dabei die Reaktionen deines Hundes und seine Gesundheit gut im Blick, wird dir die Futterumstellung mit Leichtigkeit gelingen.

Welche Lebensmittel für Hunde verboten sind

Damit du für deinen Hund das Futter zusammenstellen oder selbst kochen kannst, ist es entscheidend zu wissen, welche Lebensmittel für Hunde nicht nur schwer verdaulich, sondern lebensgefährlich sein können. Da die meisten Hunde nicht sehr wählerisch sind und nahezu alles fressen, was ihnen vors Maul kommt, ist es umso wichtiger, dass du Bescheid weißt.

Während es früher allgemein üblich war, Hunde mit den Essensabfällen der Menschen zu füttern, ist inzwischen bekannt, dass nicht nur die intensive Würzung vielen Hunden nicht gut bekommt, sondern auch die Kalorien eine unnötige Belastung darstellen. Außerdem liefern Tischabfälle kaum Nährstoffe, da die meisten bereits zerkocht wurden.
Wenn beim Kochen oder Grillen Knochen abfallen, sind auch diese auf keinen Fall für deinen Hund geeignet. Geeignete Knochen dürfen nur roh verfüttert werden. Sobald Knochen bei der Essenszubereitung erhitzt wurden, ändert sich ihre Struktur, wodurch sie leichter splittern und zu schweren Verletzungen führen können.

Wird Schweinefleisch roh verfüttert, kann es den Aujeszky-Virus enthalten, der für deinen Hund tödlich ist. Dieses Schweine-Herpesvirus 1, das auch unter dem Begriff der Pseudowut bekannt ist, scheint aktuell in Deutschland bei den Schweinen nicht verbreitet zu sein, wird aber immer mal wieder bei Wildschweinen nachgewiesen.
Mittels Kochens kann der Virus zwar abgetötet werden, allerdings raten wir dringend davon ab, dieses Risiko einzugehen. Besser ist es, ganz auf Schweinefleisch in der Hundeernährung zu verzichten.

Ungesundes Gemüse

Rohe Hülsenfrüchte wie Soja, Bohnen und Erbsen enthalten Phasin, das für Hunde giftig ist. Daher dürfen sie roh auf keinen Fall verfüttert werden. Werden Hülsenfrüchte gekocht, sind sie zwar nicht mehr giftig, aber für viele Hunde dennoch eher schwer verdaulich. Daher solltest du sie nicht in großen Mengen geben; siehe auch das Unterkapitel „Hülsenfrüchte".

Die Nachtschattengewächse Kartoffel, Tomate, Paprika und Aubergine enthalten ebenfalls einen Stoff, der für Hunde giftig ist: Solanin. Mit zunehmender Reife nimmt der Gehalt des Solanins immer weiter ab. Daher können Paprika und Tomaten ab und zu verfüttert werden, wenn sie eine dunkelrote Färbung erreicht haben. Beim Verfüttern von Kartoffeln müssen grüne Stellen auf jeden Fall herausgeschnitten werden. Damit Kartoffeln besser verdaut werden können, empfiehlt es sich, sie zu garen. Auberginen sind sowohl roh als auch gekocht für die meisten Hunde unverträglich und gehören daher nicht auf den Speiseplan. Neben Durchfall können sie auch zu Krämpfen, Atemlähmung und zu einer Schädigung der Schleimhäute führen.

Auch Avocados eignen sich nicht als Hundefutter, da das in ihnen enthaltene Persin sogar zu Herzmuskelschäden führen kann. Weitere Folgen von Persin sind Husten, Atemnot sowie Schwellungen und Einlagerungen von Wasser im Bauchraum.

Verdauungsbeschwerden sowie schwerwiegende Vergiftungen verursachen auch Zwiebeln und Knoblauch, da sie N-Propyldisulfid und Allyl Propyl Sulfide enthalten. Nur 5 g Zwiebeln können bereits Vergiftungssymptome wie Durchfall und Blutarmut verursachen oder sogar tödlich wirken. Daher bitten wir dich, immer einen Tierarzt oder eine Tierärztin aufzusuchen, wenn dein Hund rohe oder gekochte Zwiebeln gefressen hat.

Knoblauch wirkt in begrenzter Dosis wie etwa ein bis zwei Zehen in der Woche allerdings auch antibiotisch. Zu viel Knoblauch kann allerdings dafür sorgen, dass die roten Blutkörperchen angegriffen werden. In einem solchen Fall zeigt sich Durchfall und Erbrechen in Verbindung mit Nahrungsverweigerung. Außerdem werden die Schleimhäute durch die einsetzende Blutarmut blass.

Süß und gefährlich

Unter den Obstsorten sind vor allem Weintrauben und Rosinen für Hunde gefährlich. Bisher ist zwar nicht eindeutig erwiesen, welcher Inhaltsstoff giftig ist, aber die Schädigungen können sich in Form von Durchfall, Bauchschmerzen, Apathie bis hin zu einem akuten Nervenversagen zeigen, so dass du auf keinen Fall das Hundefutter mit diesen Früchten zubereiten solltest.

Während kleine Mengen Obst durchaus eine Hundefuttermahlzeit ergänzen können, raten wir, bei der Zubereitung darauf achten, dass die Obstkerne nicht mit ins Futter gelangen. Da einige Obstkerne Blausäure enthalten, kann es auch dadurch zu Vergiftungserscheinungen kommen. Dazu zählen neben starkem Speichelfluss, Erbrechen und Durchfall auch Fieber, Krämpfe und Atemnot.

Süß, aber giftig für Hunde sind auch Kakao und Schokolade. Das in diesen Produkten enthaltene Theobromin kann nur schlecht verdaut werden und reichert sich daher im Körper deines Lieblings an. Die Folge ist eine Vergiftung, die sich durch Erbrechen, Durchfall, Lähmungen, Zittern und Krämpfen zeigen kann.

Nicht zuletzt birgt auch Süßstoff eine große Gefahr für die Gesundheit deines Hundes. In den meisten Süßstoffprodukten ist Xylit enthalten, was dafür sorgt, dass eine große Menge Insulin ausgeschüttet wird. Die Folge ist ein Absturz des Blutzuckers, was wiederum zu Gerinnungsstörungen und zu Leberversagen führen kann.

Für jeden Hund das richtige Futter

Bei der Suche nach dem optimalen Hundefutter bedenke bitte, dass es keine pauschale Antwort für alle Hunde gibt. So unterschiedlich die Rassen sind, sind auch die Ansprüche. Außerdem spielt das Alter deines Hundes eine wichtige Rolle in der richtigen Ernährung sowie der Grad der Aktivität und natürlich die Gesundheit.

Da sich Welpen noch in der Entwicklung befinden, ist ihr Nährstoffbedarf selbstverständlich anders als bei einem ausgewachsenen Hund. Außerdem gibt es wiederum einen deutlichen Unterschied in der Ernährung eines Familienhundes und eines Arbeitshundes, der körperlich besonders viel leisten muss. Wir denken hier beispielsweise an Jagdhunde, Schlittenhunde oder Windhunde, die Rennen laufen.

Besondere Ansprüche an die Ernährung haben auch trächtige und säugende Hündinnen sowie ältere Hunde. Hat dein Hund gesundheitliche Probleme wie eine empfindliche Verdauung oder eine Allergie, solltest du dies ebenfalls bei der Auswahl des richtigen Futters berücksichtigen. Das betrifft ebenfalls Hunde, die leicht zunehmen oder aber bereits unter Übergewicht leiden. Je nach Rasse sind ebenfalls individuelle Besonderheiten des Nährstoffbedarfs zu beachten, die stark von der jeweiligen Größe abhängen. So brauchen zum Beispiel sehr große Rassen auch eine entsprechende Menge an Nährstoffen.

Wie oft du füttern darfst

Nicht nur die Art und die Menge des Futters muss im Laufe eines Hundelebens immer wieder angepasst werden, sondern auch die Häufigkeiten des Fütterns.

Welpen sollten in der Regel bis zum Ende des dritten Lebensmonats täglich vier Mahlzeiten bekommen, von denen eine Mahlzeit aus Welpenmilchpulver bestehen kann. Die Futterzeiten sollten gleichmäßig über den Tag verteilt liegen, wobei du die letzte Ration am späten Abend geben darfst.

Beim Junghund wird die vierte Mahlzeit, die Milchmahlzeit, gestrichen. Bis zu seinem sechsten Lebensmonat werden drei Mahlzeiten gegeben, die auf morgens, mittags und abends verteilt werden. Ist dein Junghund neun Monate alt, sollte er spätestens auf zwei Mahlzeiten umgestellt werden, von denen du eine Ration morgens und die zweite abends fütterst.

Ab einem Alter von einem Jahr kann dein Hund nur noch einmal am Tag gefüttert werden. Allerdings ist es empfehlenswert, das Futter besser auf zwei Portionen aufzuteilen. Bekommt dein Hund eine Mahlzeit morgens und eine abends, wird er die Nahrung meist besser verdauen. Diese Vorgehensweise senkt auch das Risiko einer gefährlichen Magendrehung.

Spätestens, wenn dein Hund älter ist, solltest du sowieso wieder auf zwei Mahlzeiten am Tag umstellen, da dies die Bekömmlichkeit deutlich verbessert.

Wie viel du füttern darfst

Um die Futtermenge zu berechnen, empfehlen wir dir, die wichtigen Faktoren wie Alter, Größe, Aktivität und Stoffwechsel zu beachten. (Siehe dazu auch das Kapitel „Die RER-Methode und ihre Anwendung".) Oft wird vergessen, dass auch die Felllänge eine Rolle bei der Berechnung des Kalorienverbrauchs spielt. Da kurzhaarige Hunde einen höheren Grundumsatz haben, brauchen sie etwas mehr Kalorien als Hunde mit langem Fell.

Bei der Berechnung des Kalorienverbrauchs wird häufig von Grundumsatz und Erhaltungsumsatz gesprochen. Beim Grundumsatz handelt es sich um die Energie, die in der Ruhe umgesetzt wird. Somit ist dieser Bedarf die Mindestenergiemenge, die der Körper benötigt, um alle Stoffwechselvorgänge aktiv zu halten. Individuell wird dieser Wert vor allem durch die Funktion der Schilddrüse beeinflusst, die sehr unterschiedlich ausgeprägt sein kann.

Je schwerer ein Hund ist, desto geringer ist der Energieumsatz je Kilogramm Körpergewicht. Daher liegt der Grundumsatz bei einem kleinen Hund je Kilogramm Körpergewicht etwa zweimal höher als bei einem großen Hund. Diese Zusammenhänge müssen auch bei der richtigen Dosierung von Medikamenten beachtet werden.

Wird vom Erhaltungsumsatz gesprochen, ist damit die Energiemenge gemeint, die benötigt wird, um alle zum Leben nötigen Funktionen des Körpers sowie alle Betätigungen zu ermöglichen. Meist wird davon ausgegangen, dass der doppelte Grundumsatz dem Erhaltungsumsatz entspricht.

Die optimale Futterschüssel

Neben der Zusammenstellung des Hundefutters ist es ratsam, dass du dir Gedanken darüber machst, wie du deinen vierbeinigen Freund fütterst. Dazu zählt auch die Wahl einer geeigneten Futterschüssel. Der Handel bietet hier eine umfangreiche Auswahl in verschiedenen Größen, Materialien und Preisklassen.

Besonders günstig sind Schüsseln aus Plastik, die jedoch auch schnell beschädigt werden können. Sind Kratzer im Plastik, ist eine gründliche Reinigung kaum noch möglich. Sehr viel pflegeleichter sind rostfreie Stahlschüsseln. Allerdings sind sie sehr leicht, wodurch sie schnell kippen.

Sowohl standfest als auch pflegeleicht sind Schüsseln aus Porzellan oder Ton, die zudem häufig optisch sehr ansprechend gestaltet sind. Zu bedenken ist jedoch, dass sie leicht zerbrechen können.

Hältst du eine Hunderasse mit langen Behängen (herabhängende Ohren), wirst du wissen, dass diese oft in die Futterschüssel hineinhängen. Um Hautkrankheiten zu vermeiden, raten wir, für diese Hunderassen eine Schüssel zu wählen, die recht tief und eher eng ist. Dadurch bleiben die Behänge außerhalb der Schüssel.

Hastige Fresser, die auch noch ein Problem mit dem Gaumensegel haben, können beim Fressen häufig Schluckauf bekommen. Dieses Problem lässt sich lösen, indem du die Futterschüssel etwas erhöht auf ein Podest stellst. In dieser Haltung kann dein Hund problemlos fressen und sich nicht verschlucken.

Die RER-Methode und ihre Anwendung

Die Auswahl an Hundefutter ist groß und entsprechend schwierig ist meist die Bestimmung der richtigen Futtermenge. Damit dein Hund optimal versorgt ist, darf die Mindestmenge nicht unterschritten werden; aber auch zu große Portionen sind schädlich, da sie schnell zu Übergewicht führen.

Um dir einen Überblick zu verschaffen und die Berechnung der richtigen Ration zu vereinfachen, ist der tägliche Kalorienverbrauch des Hundes ein wichtiger Anhaltspunkt. Wie auch beim Menschen entscheidet das Verhältnis zwischen den täglich zu sich genommenen Kalorien und den verbrauchten Kalorien, ob der Körper abnimmt, zunimmt oder aber sein Gewicht konstant halten kann.

Zur näheren Beurteilung dieses Verhältnisses darfst du zuerst die Kalorienmenge bestimmen, die dein Hund am Tag verbraucht. Da sich der Kalorienverbrauch nicht für alle Hunde verallgemeinern lässt, gibt es eine Formel, die bei der Berechnung hilft. In diesem Zusammenhang sprechen wir von der RER-Methode, die sich auf den englischen Begriff „Resting Energy Requirements" bezieht, also den Energieverbrauch in einer Ruhephase.

Mit dieser Formel lässt sich der Grundumsatz von Hunden mit einem Gewicht von 2 bis 45 kg berechnen:

RER in kcal/Tag = 30 × Körpergewicht des Hundes in kg + 70

Ein Beispiel: Dein verspielter Beagle Harrier bringt 20 kg auf die Waage. Daraus ergibt sich ein Grundumsatz von:

30 × 20 + 70 = 670 kcal/Tag

Mithilfe des über diese Formel errechneten RER kann jetzt das DER (Daily Energy Requirements, also die Energiemenge, die täglich benötigt wird) errechnet werden. Für die Berechnung des DER sind individuelle Eigenschaften sowie der Grad der Aktivität deines Hundes maßgebend und bestimmen dadurch den Multiplikationsfaktor für den RER:

Gewicht halten: 1,0 × RER
Erwachsener Hund, kastriert, bei normaler Aktivität: 1,6 × RER
Erwachsener Hund, nicht kastriert, bei normaler Aktivität: 1,8 × RER
Leichte Aktivität: 2,0 × RER
Moderate Aktivität: 3,0 × RER
Hohe Aktivität, schwere Arbeit: 4-8 × RER
Trächtige Hündin (in den ersten 21 Tagen): 1,8 × RER
Trächtige Hündin (in den letzten 21 Tagen): 3,0 × RER
Stillende Hündin: 4-8 × RER
Welpe bis 4 Monate: 3,0 × RER
Welpe ab 4 Monaten bis zum Erwachsenenalter: 2,0 × RER

Für das **Rechenbeispiel** mit dem 20 kg schweren Beagle Harrier würde es bedeuten, dass er bei moderater Aktivität folgende tägliche Energiemenge benötigt:

670 kcal (RER) × 3,0 = 2.010 kcal/Tag

Bei der Berechnung der Kalorienmenge und der Größe der Futterration gibt es zusätzlich zu den bereits erwähnten Faktoren noch weitere Einflüsse, die du berücksichtigen darfst. Dazu zählen vor allem der Gesundheitszustand deines Hundes, aber auch die Auswirkungen des Klimas auf die körperliche Aktivität, denn bei niedrigen Temperaturen benötigt dein Vierbeiner mehr Energie als bei warmem Wetter. Sind die Temperaturen jedoch sehr hoch, ist zu bedenken, dass durch starkes Hecheln ebenfalls wieder mehr Energie verbraucht wird.

Durch die über die RER-Methode gewonnenen Ergebnisse kann die richtige Futtermenge recht einfach berechnet werden. Bei Fertigfutter hilft bereits ein Blick auf die Verpackung, da dort der Hersteller entsprechende Angaben zum Energiegehalt macht.
Stellst du das Hundefutter selbst zusammen, hast du noch mehr Möglichkeiten, auf den Kaloriengehalt des Futters einzuwirken. Du brauchst nur den Kaloriengehalt der verwendeten Lebensmittel in der jeweiligen Menge zu bestimmen. Je nach Produkt entnimmst du die Angaben der Verpackung oder informierst dich online über Kalorientabellen für Lebensmittel.

Wissenswertes über Barf

Wenn du dich mit dem Thema Hundeernährung auseinandersetzt, wirst du schnell auf das Stichwort Barf stoßen. Dabei handelt es sich um eine Fütterungsmethode mit dem Schwerpunkt auf rohem Fleisch sowie Gemüse und Obst als Ergänzung. Abgeleitet wird diese Fütterungsauffassung vom Wolf und seinen natürlichen Fressgewohnheiten.

BARF ist eine Abkürzung und steht ursprünglich für Born-Again Raw Feeders (wiedergeborene Rohfütterer), Bones and Raw Food (Knochen und rohes Futter) oder Biologically Appropriate Raw Food (Biologisch artgerechte Rohfütterung).

Nicht zuletzt durch häufiger auftretende Allergien, aber auch durch das allgemein gesteigerte Bewusstsein für eine gesunde Ernährung, beschäftigen sich immer mehr Hundehalter und Hundehalterinnen mit dem Barfen.

Vorteile für die Hundegesundheit

Durch die biologisch artgerechte Rohfütterung soll die Gesundheit deines Hundes unterstützt werden. Das Allgemeinbefinden soll gesteigert, Leber und Niere entlastet und die Blutwerte verbessert werden.

Im Vergleich zu Fertigfutter zeichnet sich das natürliche Rohkostfutter durch eine gute Bioverfügbarkeit und somit durch eine gute Nährstoffabsorption aus, da Enzyme, Co-Enzyme sowie die natürlichen Vitamine und Mineralien im Futter erhalten geblieben sind. Die künstlichen Vitamine und Mineralien, die dem industriell hergestellten Hundefutter beigegeben werden, können von deinem Hund nicht optimal verwertet werden und sind daher teilweise nutzlos.

Ein weiterer Pluspunkt, den Barf liefert, ist die Möglichkeit, für jeden Hund das passende Futter individuell zusammenzustellen. So kannst du auf Unverträglichkeiten problemlos Rücksicht nehmen und genügend Abwechslung bieten. Außerdem kennst du die Herkunft der Futterkomponenten und kannst für gleichbleibende Qualität sorgen.

Viele werden durch eine Allergie ihres Hundes dazu gebracht, sich mit Alternativen wie dem Barfen zu beschäftigen. Vor allem eine Glutenunverträglichkeit ist auch bei Hunden nicht selten. Da Fertigfutter meist einen hohen Getreideanteil haben, ist es für Hunde mit einer solchen Allergie demnach ungeeignet. Beim Barfen lässt sich problemlos auf Getreide verzichten, was ein weiterer Vorteil ist.

Im Vergleich zu Trockenfutter liefert Barf-Futter außerdem einen deutlich höheren Feuchtigkeitsgehalt, der bis zu 80 % betragen kann, während Trockenfutter höchstens 12 % Wasser beinhaltet. Wenn dein Hund nicht genug trinkt, um diesen Mangel auszugleichen, kann er sich aufgrund des Flüssigkeitsmangels Organschäden einhandeln.
Hunde mit empfindlicher Verdauung kommen mit Barf oder einem hochwertigen Nassfutter meist besser zurecht als mit Trockenfutter, da es leichter zu verdauen ist. Oft führen auch die Zusatzstoffe im Trockenfutter zu einer weiteren unnötigen Belastung des Verdauungssystems.

Bei Mensch und Tier ist allgemein bekannt, dass Übergewicht schädlich ist. Da Fertigfutter häufig reich an Kohlenhydraten sind, leiden viele Hunde unter den Folgen von Übergewicht, die sich an den Organen, dem Herz-Kreislauf-System sowie an den Knochen und Gelenken zeigen können. Um wieder ein gesundes Gewicht zu erreichen und zu erhalten, kann Barf deinem Hund helfen, da du mit dieser Methode proteinhaltiges Fleisch mit wenig Fett füttern kannst. Selbstverständlich darf als Ergänzung ein gesundes Maß an Bewegung nicht fehlen, wenn dein Hund abnehmen soll.

Nachteile für die Gesundheit von Mensch und Tier

Bei den zahlreichen Vorteilen, die eine Hundeernährung mit Barf-Futter bieten kann, müssen wir dennoch auch auf die Kritikpunkte eingehen. Vor allem unwissende Hundehalter und Hundehalterinnen, die das Barfen gedankenlos „einfach mal ausprobieren", riskieren die Gesundheit von Tier und Mensch.

Salmonellen und andere Krankheitserreger wie Clostridien, Campylobacter, Listerien und Yersinien, die an rohem Fleisch haften können, werden häufig unterschätzt. Pathogene und teilweise multiresistente Bakterien können die Ursache für eine Salmonellose sein, die Mensch und Hund gleichermaßen betreffen kann. Die Folgen dieser Infektionskrankheit sind

Durchfall, Erbrechen und Fieber. Neben rohem Fleisch können auch Eier Salmonellen übertragen.

Um Salmonellen abzutöten, ist eine Erhitzung für etwa 10 Minuten bei über 70 °C nötig. Dieses Erhitzen zerstört allerdings nicht nur empfindliche Vitamine und Mineralien, sondern entspricht auch nicht dem Grundsatz des Barfens. Auch Tiefkühlen ist leider keine sichere Lösung, um Salmonellen abzutöten, denn das Wachstum von Salmonellen kann dadurch nur gestoppt werden, die Bakterien sterben aber nicht zwingend ab.

Eine weitere Gefahr kann von den Erregern der Tuberkulose ausgehen, die bisher vor allem in Süddeutschland und Österreich bei Rindern und Hirschen wieder aufgetaucht sind und auch Hunde infizieren können.

Wichtig ist generell, rohes Fleisch umgehend zu verarbeiten und auch zu verfüttern. Außerdem muss es bis zur Verarbeitung durchgehend gekühlt werden, um das Risiko einer Infektion gering zu halten.

Rohes Schweinefleisch darf – wir können es nicht oft genug betonen – auf keinen Fall auf den Speiseplan, da es das tödliche Aujeszky-Virus enthalten kann.

Nicht zu unterschätzen ist außerdem die Übertragung von ein- oder mehrzelligen Parasiten über rohes Fleisch. Um Neospora caninum, Toxoplasma gondii und Sarkosporidien zumindest zum größten Teil abzutöten, muss das rohe Fleisch für mindestens vier Tage bei -20 °C eingefroren oder bei 65 °C für mindestens 10 Minuten erhitzt werden, was den Grundsätzen des Barfens leider widerspricht.

Nicht zuletzt müssen auch alle Utensilien wie Schneidebretter oder Messer immer mit heißem Wasser gereinigt werden. Bitte lege dein Augenmerk ebenfalls auf den Kot deines Hundes, da über diesen die Erreger ausgeschieden werden und dann andere Tiere und Menschen infizieren können. Beseitige den Kot deines Hundes stets umgehend.

Kritische Stimmen gibt es auch bei der Frage, ob Barfen für Welpen geeignet ist. Besonders bei großen Hunderassen kommt es zu gesundheitlichen Problemen, wenn Welpen zu schnell wachsen. Da Barf-Futter durch den Fleischgehalt einen hohen Proteingehalt liefert, kann dies zu raschem Wachstum führen, wodurch im Alter Gelenkprobleme entstehen können. Daher wird immer häufiger die Meinung vertreten, dass Welpen nicht mit Barf-Futter ernährt werden sollten.

Wenn Welpen dennoch gebarft werden, ist es unbedingt nötig, im ersten Lebensjahr die Futterzusammenstellung regelmäßig zu überprüfen und zu korrigieren. Kommt es zu einer Mangelernährung, äußert sie sich schon nach wenigen Monaten an der Skelettentwicklung.

Diese Zusammenhänge zeigen, dass es ratsam ist, sich mit dem Thema Barf genau zu beschäftigen, um keine Fehler zu machen. Wir empfehlen, die Barf-Ernährung deines Hundes auf keinen Fall nur auf der Grundlage eigener Abschätzungen vorzunehmen. Leider gibt es aber immer wieder Hundehalter und Hundehalterinnen, die durch Unwissenheit ihren Hund über- oder unterversorgen. Eine Unterversorgung droht zum Beispiel häufig bei Kalzium, Iod, Vitamin D, Vitamin A, Kupfer und Zink.

Wir raten dir daher, einen Futterplan auf die Beine zu stellen, um eine falsche Ernährung oder Unterernährung deines Hundes zu vermeiden. Die Ursache können falsche Berechnungen sein oder die Orientierung an falschen Bedarfswerten. Nutze gerne die Informationen aus diesem Buch, um einen individuellen Futterplan für deinen Hund aufzustellen. Wir empfehlen, diesen anschließend mit deinem Tierarzt beziehungsweise deiner Tierärztin durchzusprechen.
Vor allem der Anteil an Protein wird häufig falsch eingeschätzt. Begünstigt wird dies unter anderem durch Verfüttern von Schlachtabfällen, die schwer verdaulich sind. Leber und Nieren deines Hundes werden dadurch besonders stark belastet, was über längere Zeit zu Schäden führen kann.
Ein weiteres Risiko kann durch die häufige Fütterung von Knochen entstehen, da sie einen hohen Phosphorgehalt haben. An dieser Stelle sei noch mal auf das Unterkapitel „Knochen" verwiesen: Zeigen sich bei deinem Liebling erhöhte Nierenwerte, sollten unbedingt weniger Knochen verfüttert werden, um den Phosphorwert zu senken und die Gefahr eines Nierenversagens zu vermeiden.

Die klinischen Symptome einer Mangelernährung zeigen sich oft erst nach etwa 18 bis 24 Monaten. Damit du dieses Risiko ausschließen kannst, empfehlen wir, die Blutwerte deines Hundes beim Barfen regelmäßig kontrollieren zu lassen.

Leidet dein Hund bereits an einer Leber- oder Nierenerkrankung, raten wir dir, dein Barf-Vorhaben zunächst mit dem Tierarzt beziehungsweise der Tierärztin deines Vertrauens abzusprechen. Gleiches gilt bei einer Darmerkrankung, die nicht auf eine Allergie zurückzu-führen ist. Meist ist Barfen in solchen Fällen nicht zu empfehlen.

Bitte beachte ferner: Aufgrund des hohen Risikos, das Barfen durch die Übertragung von Krankheitserregern birgt, empfehlen Tierärzte und Tierärztinnen, dass Hunde, die in einem Haushalt mit Schwangeren, Kindern oder Menschen mit Immundefekten leben, nicht gebarft werden.

Nicht unterschätzen darfst du die Kosten und den Zeitaufwand beim Barfen.

Der Barf-Rechner

Um die richtige Ration zu berechnen, findest du online eine große Auswahl an Barf-Rech-nern. Besonders für Neulinge ist ein Barf-Rechner ein wichtiger Hinweis, um die Rationen einschätzen zu können. Die entscheidenden Kriterien bei der Berechnung sind der jeweilige Hundetyp, das Gewicht und das Alter.

Der Hundetyp wird in träge oder aktiv unterteilt. Da ein aktiver Hund sehr viel mehr Energie verbrennt als ein träger Hund, muss dies in der Berechnung der Ration entsprechend berück-sichtigt werden. Ein weiterer wichtiger Aspekt ist das Gewicht deines Hundes und natürlich sein Alter, da sich im Laufe des Hundelebens der Stoffwechsel verlangsamt.

Als Richtwert darfst du dir merken, dass die Größe der Barf-Ration etwa 3 % des Körper-gewichts deines Hundes beträgt. Hast du einen aktiven Junghund, der noch wächst, wird die Menge etwas vergrößert, nämlich auf 4 bis 10 % des Körpergewichts. Entsprechend wird die Menge bei einem alten Hund, der sich nicht mehr viel bewegt, etwas reduziert, und zwar auf etwa 2 bis 3 %.

Einen Anhaltspunkt gibt auch die Größe der jeweiligen Hunderasse. Während ein ausge-wachsener großer Hund eher 3 % seines Körpergewichts benötigt, kommen kleine Hunde-rassen schon mit 2 % aus.

Barf-Rechner sind praktisch und vor allem für Einsteiger hilfreich. Dennoch solltest du sie in erster Linie als Unterstützung nutzen und nicht vergessen, den eigenen Hund und sein Gewicht genau zu beobachten.

Mangelernährungen vermeiden

Eine Umstellung auf Barf-Futter sollte nicht von jetzt auf gleich erfolgen. Vor allem Hunde, die lange Zeit Nass- oder Trockenfutter bekommen haben, können anfangs mit Durchfall oder Erbrechen reagieren. Wurde dein Hund bisher mit einem Trockenfutter gefüttert, das viel Getreide und Kohlenhydrate, aber wenig Feuchtigkeit enthält, fällt die Umstellung besonders schwer. Manchmal sind es auch die im Vergleich zum Fertigfutter fehlenden Geschmacksverstärker, die dafür sorgen, dass dein Hund zu Beginn das Barf-Futter verweigert.

Zeitmangel und die Kosten können auch Gründe sein, warum manche Hundehalter und Hundehalterinnen sich für ein teilweises Barfen entscheiden. Dabei wird Fertigfutter mit Barf-Futter kombiniert. Diese Fütterungsform eignet sich auch als Übergang für die komplette Umstellung auf Barf-Futter. Es gibt aber auch Hunde, die eine Mischung aus Trockenfutter und Barf nicht vertragen, da diese Futtersorten eine unterschiedliche Verdauungszeit aufweisen. Hier helfen nur ein vorsichtiges Herantasten und genaues Beobachten, wie die Verdauung deines Hundes reagiert.

Hast du noch keine Erfahrungen mit Barf gemacht, lasse bitte zwischendurch beim Tierarzt beziehungsweise bei der Tierärztin Kot und Blut deines Lieblings untersuchen, um Mangelernährungen oder andere gesundheitliche Probleme frühzeitig zu erkennen. Auf diese Weise kannst du zum Beispiel feststellen, ob bestimmte Nährstoffe in zu geringen oder zu hohen Mengen im Blut vorhanden sind. Auch ernährungsbedingte Krankheiten, Parasiten und Stoffwechselkrankheiten lassen sich so entdecken.

Bei den Ergebnissen ist jedoch auch immer zu bedenken, dass es sich bei einer Blutuntersuchung nur um eine Momentaufnahme handelt, die am nächsten Tag schon wieder anders aussehen kann. Starke Schwankungen lassen sich vor allem beim Blutzucker erkennen, auf den die letzte Mahlzeit einen großen Einfluss hat. Wurde vorher eine Mahlzeit mit vielen Kohlenhydraten eingenommen, ist der Blutzuckerspiegel entsprechend hoch. Dies ist aber nicht der Normalzustand. Ein ganzheitliches Bild bekommst du, wenn du Blutuntersuchungen an verschiedenen Tagen wiederholen lässt.

Spezielle Barf-Varianten

Prey und Franken-Prey sind besondere Barf-Arten, die auch Prey Model Raw genannt werden. Diese Formen beziehen sich ebenfalls auf das ursprüngliche Fressverhalten. Es wird biologisch artgerechtes Rohfutter und kein Fertigfutter gefüttert. Der Unterschied ist jedoch, dass dem Barf-Futter hier kein Obst oder Gemüse hinzugefügt wird.

Da bei dieser Variante die nötigen Ballaststoffe in Form von Fell, Haut, Zähnen und Knochen gefüttert werden, wird beim Prey-Modell ein komplettes Beutetier als Mahlzeit gegeben. Beim Franken-Prey werden mehrere große Fleischstücke mit Innereien und Knochen zu einer Mahlzeit kombiniert. Da diese Futtermethoden leicht zu einer Mangelversorgung führen können, ist Abwechslung enorm wichtig.

Bei diesen Barf-Varianten handelt es sich sicher um Sonderformen, die eher selten zum Einsatz kommen und auch schwierig umzusetzen sind.

Nicht ohne Wissen barfen

Auch wenn das Barfen aktuell bei vielen Hundehaltern und Hundehalterinnen im Trend ist, legen wir dir nahe, dir ausreichend Gedanken über einen möglichen Futterplan zu machen, ehe du beginnst. Wie gesagt hilft dir dein Tierarzt beziehungsweise deine Tierärztin sicherlich gerne bei deinen ersten Barf-Gehversuchen. Auf diese Weise kannst du klären, ob und wie du deinen Hund barfen darfst.

Fazit

Der Hund als bester Freund des Menschen begleitet uns schon seit vielen Jahrtausenden und erfüllt inzwischen schon lange nicht mehr nur eine Schutzfunktion oder dient als Helfer bei der Jagd. In vielen Familien hat er einen wichtigen Platz eingenommen – ja, ist ein vollwertiges Familienmitglied. Hunde machen uns Menschen wahnsinnig viel Freude und bereichern unser Leben auf wunderbare Weise.

Wir begrüßen es daher, dass sich mittlerweile so viele Hundehalter und Hundehalterinnen Gedanken über eine gesunde Ernährung ihres Hundes machen, um ihm ein langes Leben in Vitalität zu ermöglichen. Mit deinem Hund hast du Verantwortung für ein Lebewesen übernommen, und indem du dich über eine gesunde Hundeernährung informierst, nimmst du diese Verantwortung ernst. Wir sagen: Danke!

Die Bedeutung von gesunder Ernährung beim Menschen ist genauso gefragt wie beim Hund. Entsprechend viele Trends gibt es. Manche sind vom Barfen überzeugt, während andere eher eine vegetarische oder sogar vegane Hundeernährung bevorzugen.

Da Allergien gegen Getreide immer häufiger auftreten, gibt es inzwischen auch eine große Auswahl an getreidefreiem Hundefutter. Liegt keine Unverträglichkeit vor, kann es vor allem bei aktiven Hunden durchaus Sinn ergeben, ihnen bei einer ausgewogenen Ernährung neben Fleisch, Gemüse und Obst auch etwas Getreide zu geben, da dadurch ihr Energiebedarf besser gedeckt werden kann.

Einen weiteren Aspekt, der sich inzwischen auch in der Ernährung des Menschen zeigt, darfst du ebenfalls bei deinen Überlegungen zur Ernährung deines vierbeinigen Freundes berücksichtigen: Der Trend zur artgerechten Nutztierhaltung hat zur Folge, dass der Fleischkonsum beim Menschen sinkt. Viele legen heute Wert auf Fleisch aus der Region, das nicht in Massentierhaltung produziert wurde. Überlege dir daher, dich darüber zu informieren, woher tierische Produkte stammen, die du deinem Hund fütterst.

Mit dem Trend der vegetarischen und veganen Ernährung beim Menschen hat sich dieser Ansatz auch in der Hundeernährung verbreitet. Allerdings ist nach wie vor umstritten, ob es sich dabei um eine artgerechte Ernährung handelt. Hier ist es sicher unvermeidbar, mit einem

Tierarzt beziehungsweise mit einer Tierärztin zu sprechen, ob diese Ernährungsmethode auf Dauer für deinen Hund sinnvoll und gesund ist.

Sicherlich kannst du aber gelegentlich einen vegetarischen Tag in der Hundeernährung einlegen (auch für den Veggie-Day findest du weiter unten Rezepte). Dadurch wird der Fleischkonsum reduziert und somit auch der CO_2-Fußabdruck deines Hundes.

Der bekannteste Trend in der artgerechten Hundeernährung ist sicherlich das Barfen. Der Vorteil ist, dass du genau zusammenstellen kannst, was dein Hund zu fressen bekommt. Wichtig sind jedoch einige Kenntnisse und möglichst eine Beratung sowie eine regelmäßige Kontrolle beim Tierarzt beziehungsweise der Tierärztin, damit der Nährstoffbedarf deines Hundes gedeckt wird und du Mangelerscheinungen vermeidest. In Ergänzung zu rohem Fleisch und Knochen werden Gemüse, Obst sowie Vitamine, Mineralstoffe und Spurenelemente gefüttert. Wichtig ist dabei, immer auf die Hygiene zu achten, denn rohes Fleisch birgt sonst einige Risiken für die Gesundheit von Mensch und Tier.

Wer Massentierhaltung ablehnt, sollte darauf achten, dass im Hundefutter nicht zu viel Fleischanteil enthalten ist, der auch für den menschlichen Verzehr geeignet wäre. Natürlich möchtest du, dass dein Hund nur hochwertiges Futter bekommt. Allerdings haben Zutaten in Lebensmittelqualität den Nachteil, dass dies zu noch mehr Nutzviehhaltung und somit weiteren Umweltbelastungen führt.

Lange Zeit war es üblich, Schlachtabfälle zu verwenden, die der Mensch nicht isst. Dazu gehören zum Beispiel Pansen, Lunge, Milz oder Herz, die deinem Hund nicht nur gut schmecken, sondern auch noch voller Nährstoffe sind.

Durch den Anstieg von Allergien werden immer häufiger exotische Fleischsorten sowie die sogenannten Superfoods im Hundefutter angeboten. Wir empfehlen dir, dich über die Nachhaltigkeit zu informieren, ehe du Fleisch von Strauß, Känguru oder Büffel sowie Quinoa, Chia-Samen oder Goji-Beeren verfütterst. Solche Produkte haben oftmals einen Transportweg um die halbe Welt hinter sich.

Nicht zuletzt gibt es auch immer mehr Hundehalter und Hundehalterinnen, die für ihren Hund das Futter selbst zubereiten. Nur so weißt du wirklich, was dein Liebling zu fressen bekommt und woher die Zutaten stammen. Einen Futterplan aufzustellen, hilft dabei, einer einseitigen Fütterung und Mangelerscheinungen vorzubeugen.

Auch Herrchen und Frauchen mit begrenztem Zeitbudget können Hundefutter selbst zubereiten, da du für eine Woche vorkochen und dann einzelne Portionen einfrieren oder einkochen kannst.

Diese Art der Hundeernährung ist mit den richtigen Rezepten nicht nur gesund, sondern auch nachhaltig, da kein Fertigfutter genutzt wird und auch übermäßiger Fleischkonsum vermieden werden kann. Rezepte gibt es viele und erfreulicherweise sind zahlreiche nicht nur mit wenig Zeitaufwand, sondern auch mit überschaubaren Kosten zuzubereiten.

Wofür du dich auch entscheidest, es gibt sicher nicht nur die eine richtige Fütterungsart. Viel wichtiger ist, dass du dich umfassend mit dem Thema der gesunden Ernährung deines Hundes beschäftigst, um selbst entscheiden zu können, welches Futter nicht nur zum eigenen Lebensstil und zu den eigenen zeitlichen und finanziellen Möglichkeiten, sondern vor allem auch zum individuellen Bedarf deines Hundes passt.

Nun aber genug der Vorrede. Das Philipp Pfote-Team wünscht dir viel Freude beim Ausprobieren unserer Rezepte und deinem Hund einen guten Hunde-Appetit

Fleisch-
Rezepte

Kalbfleisch mit Nudeln und Kürbis

Die Zutaten beziehen sich auf eine Portion für einen Hund mit etwa 20 kg Gewicht.

Zutaten:

60 g Hartweizennudeln
120 g Kürbis
60 g Polentagrieß
230 g mageres Kalbfleisch
1 TL Maiskeimöl

Zubereitung:

Koche die Nudeln, den in Würfel geschnittenen Kürbis und den Polentagrieß jeweils so lange, bis sie sehr weich sind. Danach lässt du diese Zutaten abkühlen.

Inzwischen kannst du das Kalbfleisch fein schneiden und dann entweder in einen Dampfgarer geben oder in ein Sieb, das mit Deckel in einem Topf mit kochendem Wasser hängt. Nach etwa acht bis zehn Minuten müsste das Fleisch gar sein. Wenn es abgekühlt ist, wird es zur Polenta gegeben.

Mische dann das Öl unter die Nudeln und den Kürbis und gib es anschließend ebenfalls zur Polenta gegeben. Das Gericht ist nun servierfertig.

Alternativ kannst du den Kürbis auch durch die gleiche Menge Zucchini ersetzen.

Hühnerfleisch mit Kartoffel-Karottenpüree

Die Zutaten beziehen sich auf eine Portion für einen Hund mit etwa 20 kg Gewicht.

Zutaten:

240 g Hühnerbrust

3 Kartoffeln

2 Karotten

2 EL Hüttenkäse

1 EL Leinöl

Zubereitung:

Koche zuerst die Kartoffeln zusammen mit den Karotten, ehe du sie pürierst oder zerstampfst.

Brate dann das Fleisch gut an, schneide es in Stücke und gib es zusammen mit dem Hüttenkäse zum Karotten- und Kartoffelstampf.

Zum Schluss mische noch das Leinöl unter.

Eintopf mit Rinderlunge und Reis

Die Zutaten beziehen sich auf eine Portion für einen Hund mit etwa 20 kg Gewicht. Bei Bedarf kannst du auch eine größere Menge zubereiten und in Portionen einfrieren. Wichtig ist nur, dass das verwendete Fleisch nicht schon vorher eingefroren war.

Zutaten:

250 g Rinderlunge

1 Beutel Reis

1 Karotte

1 Apfel

1 EL Öl

Zubereitung:

Zuerst wird die Lunge in kleine Stücke geschnitten. Dann gare sie mit dem Reis in einem Topf. Im nächsten Schritt darfst du die Karotte und den entkernten Apfel raspeln. Je nach Vorliebe können sie dann püriert oder aber als Raspel in den Reis eingerührt werden.
Im letzten Schritt gib das Öl hinzu.
Wenn die Mahlzeit abgekühlt ist, kannst du sie deinem Hund servieren.

Rind oder Huhn mit Haferflocken

Die Zutaten beziehen sich auf eine Portion für einen Hund mit etwa 20 kg Gewicht.

Zutaten:

200 g Rindfleisch oder Hühnerfleisch
200 g Haferflocken
20 g Distelöl

Zubereitung:

Das Fleisch kurz garen und kann dann abkühlen lassen.

Koche danach die Haferflocken mit der doppelten Wassermenge kurz auf.

Wenn sowohl das Fleisch als auch die Haferflocken lauwarm abgekühlt sind, mische das Distelöl unter. Bon appétit!

Hühnchen mit Gemüse und Nudeln

Die Zutaten beziehen sich auf eine Portion für einen Hund mit etwa 20 kg Gewicht.

Zutaten:

1 Suppenhuhn- oder Schenkel

100 g Suppennudeln

Suppengemüse nach Geschmack ausgewählt

Gemüsebrühe

Zubereitung:

Im ersten Schritt wird das Suppenhuhn für etwa eine Stunde gekocht.

Während das Hühnchen abkühlt, koche die Nudeln und das klein geschnittene Gemüse in der Gemüsebrühe.

Lasse die Nudeln und das Gemüse in einem Sieb abtropfen. Anschließend darfst du alles in den Fressnapf geben. Zerteile zuletzt das Hühnchen und gib es ebenfalls in den Napf.

Hühnerbrust mit Reis und Karotten

Die Zutaten beziehen sich auf eine Portion für einen Hund mit etwa 20 kg Gewicht.

Zutaten:

200 g Rundkornreis

250 g Hühnerbrust

2 Karotten

2 EL Olivenöl

Zubereitung:

Zuerst wird der Reis gekocht, bis er sehr weich ist.

Währenddessen kannst du schon die Hühnerbrust in Würfel schneiden und mit Olivenöl anbraten.

Schneide anschließend die Karotten in dünne Scheiben und koche sie.

Wenn alle Zutaten abgekühlt sind, werden sie miteinander vermischt und serviert.

Eintopf mit Lamm und Rote Beete

Die Zutaten beziehen sich auf eine Portion für einen Hund mit etwa 20 kg Gewicht. Bei Bedarf kann auch eine größere Menge zubereitet und in Portionen eingefroren werden. Wichtig ist nur, dass das verwendete Fleisch nicht schon vorher eingefroren war.

Zutaten:

500 g Lammfleisch

1 vorgegarte Rote Beete

3 mehlig kochende Kartoffeln

Zubereitung:

Im ersten Schritt schneide das Fleisch, die Rote Beete und die Kartoffeln in Würfel.

Das Fleisch und die Kartoffeln werden dann etwa 20 Minuten lang gekocht. Gieße danach das Kochwasser ab.

Vor dem Servieren noch die Rote Beete dazugeben, ehe du alles miteinander vermischst.

Hast du keine vorgegarte Rote Beete, kannst du auch frische Rote Beete verwenden, die du etwa 50 Minuten lang garst.

Rinderhack mit Gemüse

Die Zutaten beziehen sich auf eine Portion für einen Hund mit etwa 20 kg Gewicht.

Zutaten:

500 g Rinderhack aus Fleischabschnitten mit Fett
60 g Karotte
60 g Zucchini
1 TL Petersilie sehr fein gehackt
40 g Nudeln
1,5 TL Leinöl
3,5 g Eierschalenpulver

Zubereitung:

Bräune zunächst das Rinderhack in einer Pfanne leicht an.

Schneide dann die Karotten und Zucchini in kleine Würfel und gib sie zum Fleisch in die Pfanne. Gieße alles anschließend mit Wasser an, so dass der Pfanneninhalt bedeckt ist. Das Ganze kurz aufkochen und dann simmern lassen, bis alles gar ist.
Währenddessen kannst du bereits die Nudeln weichkochen.
Mische dann das Fleisch, das Gemüse und die Nudeln, wobei du das Gemüse und die Nudeln mit einer Gabel etwas zerdrücken kannst.
Vor dem Servieren gib noch das Öl, die sehr fein gehackte Petersilie und das Eierschalenpulver dazu und mische es unter.

Reis-Gemüse-Pfanne mit Hühnerherzen

Die Zutaten beziehen sich auf eine Portion für einen Hund mit etwa 20 kg Gewicht.

Zutaten:

200 g Hühnerherzen
200 g Reis
150 g Karotte und Zucchini
2 EL Leinöl

Zubereitung:

Putze und rasple zunächst die Karotten und die Zucchini.

Koche anschließend den Reis.

Im nächsten Schritt werden dann die Hühnerherzen für etwa 50 Minuten mit wenig Öl bei mittlerer Hitze in der Pfanne geschmort. Rühre gelegentlich um.

Gib daraufhin das geraspelte Gemüse hinzu, vermische alles miteinander und schmore es für etwa weitere acht bis zehn Minuten.

Schließlich wird noch der gekochte Reis daruntergemischt.

Wenn alles abgekühlt ist, kannst du das Leinöl hinzufügen und die Mahlzeit servieren.

Kartoffel-Karotten-Suppe mit Huhn

Die Zutaten beziehen sich auf eine Portion für einen Hund mit etwa 20 kg Gewicht. Bei Bedarf kann auch eine größere Menge zubereitet und in Portionen eingefroren werden. Wichtig ist nur, dass das verwendete Fleisch nicht schon vorher eingefroren war.

Zutaten:

500 g Kartoffeln

400 g Karotten

1 Liter Brühe oder Wasser

1 Hühnerbrust

Petersilie

Kokosöl

Zubereitung:

Schäle zunächst die Kartoffeln und schneide sie in kleine Würfel.

Wasche dann die Karotten und schneide auch sie in Würfel.

Die Kartoffeln und die Karotten werden danach in einer Pfanne mit etwas Kokosöl erhitzt und kurz angebraten. Lösche anschließend alles mit der Brühe oder mit Wasser ab.

Koche im nächsten Schritt dann die Hühnerbrust mit auf, ehe du sie auf kleiner Stufe etwa 20 Minuten lang köcheln lässt.

Dann wird die Hühnerbrust herausgenommen und in kleine Stücke geschnitten. Püriere die Suppe. Wenn sie abgekühlt ist, gib die Hühnerbrust hinein. Vor dem Servieren kannst du nun noch etwas Petersilie dazu mischen.

Rinderleber mit Quinoa

Die Zutaten beziehen sich auf eine Portion für einen Hund mit etwa 20 kg Gewicht.

Zutaten:
250 g Rinderleber
150 g Quinoa
1 Kartoffel
1 Rote Beete

Zubereitung:
Schneide zuerst die Rinderleber, die Rote Beete sowie die Kartoffel in kleine Stücke.

Dann werden die Leber, Quinoa und die Kartoffel für etwa 20 Minuten mit Wasser in einem Topf gekocht. Gieße das Kochwasser schließlich ab.

Im nächsten Schritt werden die gekochten Zutaten zusammen mit der Roten Beete in einem Mixer püriert.

Sobald die Mahlzeit abgekühlt ist, darfst du sie deinem Hund servieren.

Rinderherz mit Bananen-Milchreis

Die Zutaten beziehen sich auf eine Portion für einen Hund mit etwa 20 kg Gewicht.

Zutaten:

250 g Rinderherz
150 g Milchreis
750 ml Milch
1 Banane

Zubereitung:

Schneide zunächst die Banane in kleine Würfel.

Anschließend wird das Rinderherz unzerkleinert für etwa 10 bis 15 Minuten gekocht.

Währenddessen kannst du in einem anderen Topf den Milchreis in der Milch aufkochen. Im Anschluss sollte er noch etwa 20 Minuten bei niedriger Hitze quellen.

Nachdem das gekochte Rinderherz etwas abgekühlt ist, kannst du es in kleine Würfel schneiden.

Dann wird das Rinderherz mit der Banane unter den Milchreis gerührt.

Sobald es wiederum abgekühlt ist, darf sich dein Liebling über diese leckere Mahlzeit hermachen.

Hackbraten mit Tomate

Die Zutaten beziehen sich auf eine Portion für einen Hund mit etwa 20 kg Gewicht.

Zutaten:
500 g Rinderhackfleisch
1 Tomate
1 Ei
50 g Mais
2 aufgeweichte Weizenbrötchen
frisches Basilikum

Zubereitung:
Zuerst werden die Tomate und die aufgeweichten Weizenbrötchen in kleine Stücke geschnitten und das Basilikum fein gehackt.
Heize nun den Backofen auf 180 °C vor.
Dann wird das Rinderhackfleisch, die Tomatenstückchen, die zerkleinerten Weizenbrötchen, der Mais, das Ei und das Basilikum vermischt und zu einem großen Braten geformt. In Alufolie eingeschlagen, darfst du ihn nun für 1 Stunde bei 180 °C backen.
Vor dem Servieren muss die Mahlzeit natürlich abkühlen.

Kartoffelpüree mit Leberwurst

Die Zutaten beziehen sich auf eine Portion für einen Hund mit etwa 20 kg Gewicht.

Zutaten:
3-4 mittelgroße Kartoffeln
500 ml Milch
200 g feine Leberwurst
2 TL Butter

Zubereitung:
Schäle die Kartoffeln zuerst, dann schneide sie in Würfel und lasse sie für etwa 20 Minuten kochen.
Gieße danach das Wasser ab und füge die Milch sowie die Butter hinzugefügt. Zerstampfe nun alles, bis es ein Püree ergibt.
Im nächsten Schritt wird die Leberwurst dazugegeben, die dabei zerläuft.
Mische nun alles gut und lasse es abkühlen, ehe du deinen Hund mit den Früchten deiner Mühen belohnst.

Pute mit Kartoffeln und Möhren

Dieses Rezept eignet sich auch gut zum Einkochen beziehungsweise um es auf Vorrat zu kochen. Die Zutaten beziehen sich auf eine Portion für einen Hund mit etwa 20 kg Gewicht.

Zutaten:

200 g Putenfleisch

100 g Kartoffeln

100 g Möhren

¼ Fenchel

¼ Paprika

¼ Apfel

Brühe

1 EL Öl

1 Tasse Reis, bei Bedarf zum Andicken

Zubereitung:

Zuerst wird das Öl in einen großen Topf gegeben. Dazu kommen dann die kleingeschnittenen Kartoffeln, Möhren, Fenchel, Paprika und der Apfel. Zum Eindicken kannst du noch eine Tasse Reis dazugeben.

Dann wird der Topf mit so viel Wasser aufgefüllt, dass alle Zutaten gerade bedeckt sind. Bringe das Wasser nun zum Kochen.

Gib anschließend eine stark verdünnte Brühe hinzu. Orientiere dich dazu an den Zubereitungsangaben auf der Verpackung und nehme etwa ¼ der angedachten Menge.

Sobald die Kartoffeln gar sind, kannst du das klein geschnittene Fleisch ebenfalls in den Topf geben.

Ist das Fleisch gar, nehme den Topf vom Herd.

Lasse das Gericht etwas abkühlen, ehe du es mit dem Stabmixer pürierst.

Vor dem Servieren muss alles vollständig abkühlen.

Lamm mit Süßkartoffeln und Apfel

Bei Bedarf kannst du auch eine größere Menge zubereiten und in Portionen einfrieren. Wichtig ist nur, dass das verwendete Fleisch nicht schon vorher eingefroren war. Die Zutaten beziehen sich auf eine Portion für einen Hund mit etwa 20 kg Gewicht.

Zutaten:

400 g Lammfleisch
1 Prise Steinsalz
100 g Süßkartoffeln
40 g Apfel
1 EL Kokosöl

Zubereitung:

Zuerst wird das Lammfleisch in Würfel geschnitten und dann mit Wasser und etwas Steinsalz in einen Topf gegeben.

Koche es dann auf und lasse es mit Deckel etwa 25 Minuten lang köcheln.

In der Zwischenzeit werden die Süßkartoffeln gewaschen, geschält und in Stücke geschnitten.

Wenn das Fleisch fertig ist, kommen die Kartoffeln in den Kochtopf dazu. Fülle den Topf danach mit heißem Wasser auf, sodass alles bedeckt ist.

Im Anschluss für etwa 15 Minuten alles weiterkochen, bis sowohl das Fleisch als auch die Süßkartoffeln weich sind. Decke dabei den Topf ab, rühre aber zwischendurch um.

Der Apfel wird geschält, entkernt und in Stücke geschnitten, die dann zusammen mit dem Kokosöl unter das Fleisch und die Süßkartoffeln untergerührt werden.

Denke daran, das Gericht abkühlen zu lassen, ehe du deinen vierbeinigen Freund damit beglückst.

Hühnchen mit Brokkoli

Bei Bedarf kannst du auch eine größere Menge zubereiten und in Portionen einfrieren. Wichtig ist nur, dass das verwendete Fleisch nicht vorher schon mal eingefroren war. Die Zutaten beziehen sich auf eine Portion für einen Hund mit etwa 20 kg Gewicht.

Zutaten:

250 g Hühnerbrust
100 g Brokkoli
70 g Pastinaken
1 EL Kokosöl
20 g Weizenkörner
200 ml Fleischbrühe oder Wasser
1 EL gehackte gemischte Kräuter

Zubereitung:

Schneide zunächst das Fleisch in Würfel.

Dann werden Brokkoli und Pastinaken geputzt, gewaschen und ebenfalls in kleine Würfel geschnitten.

Gib nun das Fleisch, den Brokkoli und die Pastinaken zusammen mit dem Öl, den Weizenkörnern und der Brühe in einen Kochtopf.

Für etwa 20 Minuten wird alles bei mittlerer Hitze gekocht.

Mische danach die Kräuter unter.

Du darfst die Mahlzeit lauwarm oder abgekühlt servieren.

Kaninchen mit Süßkartoffeln

Die Zutaten beziehen sich auf eine Portion für einen Hund mit etwa 20 kg Gewicht.

Zutaten:

300 g Kaninchenrücken

100 g Süßkartoffeln

1 EL Kokosöl

120 ml ungesalzener Fleischfond oder Wasser

25 g Feldsalat

1 EL Naturjoghurt

Zubereitung:

Schneide im ersten Schritt das Kaninchenfleisch in Würfel.

Dann werden die Süßkartoffeln geschält und in kleine Stücke geschnitten.

Nachdem du das Kokosöl in einem Topf erhitzt hast, kannst du die Süßkartoffeln dazugeben.

Danach kommt auch das Fleisch mitsamt Fond oder Wasser in den Topf.

Decke den Topf ab und lasse alles bei mittlerer Hitze etwa 25 Minuten lang köcheln.

Ist das Fleisch gar, kann alles in einer Schüssel abkühlen.

Wasche in der Zwischenzeit den Feldsalat und hacke ihn klein.

Zusammen mit dem Joghurt wird der Feldsalat dann untergemischt. Diese beiden Zutaten bitte immer erst kurz vor dem Verfüttern beimischen.

Sobald das Gericht eine Temperatur erreicht hat, bei der dein Hund zulangen kann, ohne sich das Maul zu verbrennen, serviere es unverzüglich.

Eintopf mit Hackfleisch und Gemüsereis

Die Zutaten beziehen sich auf eine Portion für einen Hund mit etwa 20 kg Gewicht.

Zutaten:
500 g Hackfleisch (Huhn, Lamm oder Rind)
200 g Reis
1 Karotte
50 g Spinat
1 EL Olivenöl

Zubereitung:
Koche zuerst den Reis in einem knappen ½ l Wasser auf und lasse ihn danach bei niedriger Temperatur für etwa 30 Minuten weiter köcheln, bis das Wasser verschwunden ist. Damit der Reis nicht anbrennt, rühre bitte regelmäßig um.

Dann wird das Hackfleisch mit dem Öl in einer Pfanne durchgebraten. Auch hier das Rühren nicht vergessen.

Im nächsten Schritt schneide die Karotte und den Spinat klein. Koche beides anschließend für rund 10 Minuten mit etwas Wasser weich.

Dann wird das Wasser abgegossen und die Karotte sowie der Spinat püriert.

Vermenge schließlich alle Zutaten miteinander. Sobald es abgekühlt ist, darf sich dein Hund darüber hermachen.

Rindergulasch mit Kartoffeln und Karotte

Bei Bedarf kannst du auch eine größere Menge zubereiten und in Portionen einfrieren. Wichtig ist nur, dass das verwendete Fleisch nicht schon vorher eingefroren war. Die Zutaten beziehen sich auf eine Portion für einen Hund mit etwa 20 kg Gewicht.

Zutaten:

400 g Rindfleisch
200 g Kartoffeln
1 Karotte
1 EL Olivenöl

Zubereitung:

Zuerst wird das Rindfleisch klein gewürfelt und mit dem Olivenöl in einer Pfanne für etwa 20 Minuten durchgebraten. Wende das Fleisch dabei gelegentlich.

Dann werden die Kartoffeln und die Karotte in Würfel geschnitten und in einem Topf für etwa 10 Minuten weichgekocht.

Gieße zum Schluss das Wasser ab und vermische alles miteinander.

Denke daran, das Gericht erst zu servieren, wenn es abgekühlt ist.

Rind und Lamm mit Blumenkohl und Kartoffeln

Bei Bedarf kannst du auch eine größere Menge zubereiten und in Portionen einfrieren. Wichtig ist nur, dass das verwendete Fleisch nicht schon vorher eingefroren war. Die Zutaten beziehen sich auf eine Portion für einen Hund mit etwa 20 kg Gewicht.

Zutaten:

100 g Rindfleisch
100 g Lammfleisch
50 g Blumenkohl
200 g Kartoffeln
1 EL Rapsöl

Zubereitung:

Schneide das Fleisch in Würfel und brate es in heißem Rapsöl für etwa 20 Minuten an.
Schneide danach Kartoffeln und Blumenkohl klein, und koche beides in einem Topf für etwa 10 Minuten weich.
Gieße zum Schluss das Wasser ab und vermische das Gemüse mit dem Fleisch.
Vor dem Servieren abkühlen lassen.

Putenbrust mit Ei

Die Zutaten beziehen sich auf eine Portion für einen Hund mit etwa 20 kg Gewicht.

Zutaten:
200 g Putenbrust
1 Ei
100 g Hirse
Etwa 4 Salatblätter
Etwas Petersilie
1 EL Olivenöl

Verwende saftige Putenbrust für dieses Gericht

Zubereitung:

Im ersten Schritt wird die Putenbrust für etwa 15 Minuten gekocht und dann in Würfel geschnitten.

Koche danach die Hirse mit ¼ Liter Wasser für etwa 5 Minuten. Im Anschluss sollte sie bei kleinster Hitze etwa 25 Minuten lang weiterköcheln. Achte dabei darauf, dass sie nicht wieder aufkocht, sondern nur aufquillt und das Wasser aufsaugt.

Währenddessen kannst du das Ei bereits hartkochen. Nachdem es abgekühlt ist, pelle die Eierschale ab.

Zum Schluss werden noch die Salatblätter, die Petersilie sowie das gepellte Ei kleingehackt und dann zusammen mit der gekochten Putenbrust zum Hirsebrei gegeben.

Vor dem Servieren abkühlen lassen und Olivenöl dazugeben.

Rinderherz mit Karotten und Kartoffeln

Die Zutaten beziehen sich auf eine Portion für einen Hund mit etwa 20 kg Gewicht.

Zutaten:

200 g Rinderherz
50 g Karotten
50 g Kartoffeln
100 g braune Linsen
50 g Hüttenkäse
1 EL Olivenöl

Zubereitung:

Schneide zunächst das Rinderherz in Würfel und brate es im Olivenöl für etwa 15 Minuten.
Währenddessen kannst du die Linsen für rund 20 Minuten in ¼ l Wasser weichkochen.
Dann die Karotten und die Kartoffeln in Würfel schneiden und mit Wasser für etwa 10 Minuten weichkochen. Gieße schließlich das Wasser ab.
Danach kommen die Karotten und die Kartoffeln in den Topf mit den weichgekochten Linsen und werden dort püriert oder gestampft.
Gib danach das Fleisch hinzu.
Nach dem Abkühlen verfeinerst du das Gericht noch, indem du den Hüttenkäse untermischst.

Fisch-Rezepte

Rührei mit Thunfisch

Die Zutaten beziehen sich auf eine Portion für einen Hund mit etwa 20 kg Gewicht.

Zutaten:

1 Dose Thunfisch im eigenen Saft
Etwas Petersilie
Etwas Basilikum
1-2 Eier
1 EL Rapsöl

Zubereitung:

Hole zunächst den Thunfisch aus der Dose, lasse ihn abtropfen und zerteile ihn.

Hacke daraufhin Petersilie und Basilikum.

Verquirle anschließend das Ei mit einem Esslöffel Wasser und den Kräutern.

Anschließend wird das Rapsöl in einer Pfanne erhitzt und dann das Ei mit den Kräutern sowie der Thunfisch hinzugegeben.

Verrühre alles, um ein klassisches Rührei entstehen zu lassen.

Sobald es abgekühlt ist, darfst du das Gericht deinem Hund servieren.

Gebackener Thunfisch mit Eiern

Die Zutaten beziehen sich auf eine Portion für einen Hund mit etwa 20 kg Gewicht. Bei Bedarf kannst du auch eine größere Menge zubereiten und in Portionen einfrieren.

Zutaten:
1 Dose Thunfisch im eigenen Saft

50 g Erbsen

1 TL Olivenöl

100 g Reis

1 Ei

Zubereitung:
Heize zuerst den Ofen auf 180 °C Umluft vor.

Hole dann den Thunfisch aus der Dose, lasse ihn abtropfen und gib ihn anschließend in eine Auflaufform. Verteile ihn dort so, dass der Boden komplett bedeckt ist.

Verteile als nächste Schicht die Erbsen auf dem Thunfisch und beträufle es mit dem Olivenöl.

Zum Abschluss das Ei als oberste Schicht auf die Erbsen geben, wobei der Eidotter erhalten bleiben darf.

Dann kommt die Auflaufform für etwa 15 bis 20 Minuten in den Backofen, bis das Ei fest ist. Währenddessen kannst du bereits den Reis kochen, der vor dem Servieren dazugegeben wird.

Nach dem Abkühlen darfst du das Gericht servieren.

Lachs mit Nudeln

Die Zutaten beziehen sich auf eine Portion für einen Hund mit etwa 20 kg Gewicht. Bei Bedarf kannst du auch eine größere Menge zubereiten und in Portionen einfrieren. Wichtig ist nur, dass der verwendete Fisch nicht schon vorher eingefroren war.

Zutaten:
250 g Nudeln
2 Lachsfilets
Etwas Petersilie
Ein paar Pinienkerne
1 Prise Steinsalz

*Pinienkerne geben diesem Gericht
das gewisse Etwas*

Zubereitung:
Koche zunächst die Nudeln in Wasser mit etwas Steinsalz.
Schneide den Lachs in der Zwischenzeit in Würfel und brate ihn in der Pfanne an.
Dann wird die Petersilie gehackt.
Röste anschließend die Pinienkerne in der Pfanne kurz an.
Sind die Nudeln fertig, lasse sie auskühlen, bevor du den Lachs, die Pinienkerne sowie die Petersilie dazugibst. Die Hundemahlzeit ist nun servierfertig.

Lachs mit Kartoffeln und Spinat

Die Zutaten beziehen sich auf eine Portion für einen Hund mit etwa 20 kg Gewicht. Bei Bedarf kannst du auch eine größere Menge zubereiten und in Portionen einfrieren. Wichtig ist nur, dass der verwendete Fisch nicht schon vorher eingefroren war.

Zutaten:

2 Lachsfilets
500 g Kartoffeln
125 g Blattspinat
Etwas Kokosöl
Etwas Petersilie

Zubereitung:

Zuerst werden die Kartoffeln geschält und in Würfel geschnitten.

Koche im Anschluss die Kartoffeln für etwa 30 Minuten. Sind sie weich, lasse sie abkühlen.

In der Zwischenzeit wird der Lachs in Würfel geschnitten und in einer Pfanne mit etwas Kokosöl leicht angebraten.

Danach wird noch der Blattspinat kurz dampfgegart.

Sind alle Zutaten abgekühlt, richte sie vor dem Servieren im Napf an. Bei Bedarf kannst du etwas Kokosöl dazugeben.

Lachs mit Kartoffeln, Apfel und Karotte

Die Zutaten beziehen sich auf eine Portion für einen Hund mit etwa 20 kg Gewicht. Bei Bedarf kannst du auch eine größere Menge zubereiten und in Portionen einfrieren. Wichtig ist nur, dass der verwendete Fisch nicht schon vorher eingefroren war.

Zutaten:

250 g Lachs
200 g Kartoffeln
1 Apfel
1 Karotte
Leinöl

Zubereitung:

Im ersten Schritt schneide den Lachs, die Kartoffeln, den Apfel und die Karotte in Würfel.
Danach werden diese Zutaten zusammen mit Wasser für etwa 20 Minuten in einem Topf gegart. Gieße das Wasser anschließend ab.
Nun gib etwas Leinöl dazu und püriere alles.
Nach dem Abkühlen kann serviert werden.

Omelette mit Thunfisch

Die Zutaten beziehen sich auf eine Portion für einen Hund mit etwa 20 kg Gewicht.

Zutaten:

3 Eier

300 ml Milch

1 Dose Thunfisch im eigenen Saft

Etwas Petersilie

Zubereitung:

Zuerst werden die Eier mit der Milch verquirlt und die Petersilie kleingehackt.

Hole dann den Thunfisch aus der Dose, lasse ihn abtropfen und zerteile ihn.

Erhitze als nächstes Öl in einer Pfanne und brate den Thunfisch leicht an.

Gib nun das verquirlte Ei und die Petersilie dazu.

Das Omelette kann auch gewendet oder verrührt werden.

Nach dem Abkühlen darfst du es servieren.

Fischfilet an Gemüsereis

Die Zutaten beziehen sich auf eine Portion für einen Hund mit etwa 20 kg Gewicht. Bei Bedarf kannst du auch eine größere Menge zubereiten und in Portionen einfrieren. Wichtig ist nur, dass der verwendete Fisch nicht schon vorher eingefroren war.

Zutaten:

250 g Fischfilet

100 g Reis

1 Karotte

1 kleine Zucchini

½ Apfel

1 TL Leinöl

Zubereitung:

Zuerst den Reis mit ¼ l Wasser aufkochen lassen und dann bei geringer Temperatur für etwa 30 Minuten weiterköcheln lassen, bis er weich ist und das gesamte Wasser aufgenommen hat. Damit der Reis nicht anbrennt, denke bitte ans regelmäßige Umrühren.
Das Fischfilet kleinschneiden, dann zum heißen Reis dazu geben und alles vermischen.
Sobald sich der Reis etwas abgekühlt hat, kann die Karotte, die Zucchini und der halbe Apfel fein gerieben und unter den Reis gemischt werden.
Gib vor dem Servieren noch 1 TL Leinöl ins Gericht.

Fischfrikadellen

Die Zutaten beziehen sich auf eine Portion für einen Hund mit etwa 20 kg Gewicht.

Zutaten:

½ kg Seelachsfilet
1 Tasse Milch
2 Weizenbrötchen
1 Banane

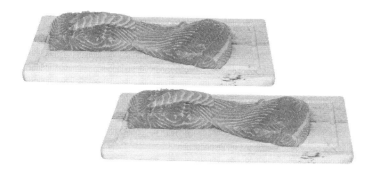

*Dieses Gericht wird mit Seelachsfilet zubereitet, womit du deinen Hund
verwöhnst und ihm etwas Gutes tust*

Zubereitung:

Weiche im ersten Schritt die Brötchen in der Milch ein.
Koche dann das Seelachsfilet in wenig Wasser auf und lasse es bei niedriger Hitze für etwa 5
Minuten weiter köcheln, bis es gar ist.
Danach wird das Fischfilet mit den eingeweichten Brötchen und der Banane zu einer Masse
vermischt.
Aus der Masse lassen sich Frikadellen formen, die du direkt verfüttern kannst.

Fischsuppe

· · · · · · · · · · · · · · · ·

Die Zutaten beziehen sich auf eine Portion für einen Hund mit etwa 20 kg Gewicht.

Zutaten:

500 g Fischfilet, z.B. Hering, Dorsch, Rotbarsch, Lachs
½ l Wasser
150 g Weißbrot
Kräuter nach Bedarf

Zubereitung:

Gib das Fischfilet in einen Topf mit Wasser und lasse es kurz aufkochen.
Nimm den Topf rechtzeitig, bevor der Fisch zerfällt, vom Herd und lasse ihn abkühlen.
Schneide das Weißbrot in kleine Würfel und gib es vor dem Servieren in die Suppe.

Auflauf mit Fisch und Nudeln

Die Zutaten beziehen sich auf eine Portion für einen Hund mit etwa 20 kg Gewicht.

Zutaten:

200 g Fischfilet
200 g Nudeln
200 g Spinat
150 g saure Sahne oder Quark
2-3 EL Kürbiskerne

Zubereitung:

Zuerst wird der Fisch in wenig Wasser kurz angedünstet und dann aus dem Wasser genommen und in kleine Stücke geschnitten. Schütte das Kochwasser bitte nicht weg.
Hacke den Blattspinat klein und koche die Nudeln.
Dann werden der Fisch, die Nudeln und der Blattspinat mit etwas Kochwasser vom Fisch gemischt.
Mische daraufhin die saure Sahne beziehungsweise den Quark und die Kürbiskerne unter.
Danach kommt alles in eine Auflaufform.
Im Anschluss wird der Auflauf im vorgeheizten Backofen bei 150 °C auf mittlerer Schiene für etwa 15 Minuten mit Ober-/Unterhitze gebacken.
Nach dem Abkühlen heißt es: Guten Appetit!

Fisch-Vielfalt mit Reis und Kartoffeln

Die Zutaten beziehen sich auf eine Portion für einen Hund mit etwa 20 kg Gewicht. Bei Bedarf kannst du auch eine größere Menge zubereiten und in Portionen einfrieren. Wichtig ist nur, dass der verwendete Fisch nicht schon vorher eingefroren war.

Zutaten:

100 g Seelachs
100 g Lachs
100 g Wels
300 g Reis
1 mittelgroße Kartoffel
2 große Karotten
1-2 EL Brühe
Etwas Dill
Etwas Petersilie
Etwas Öl, z.B. Leinöl

Zubereitung:

Koche zuerst den Reis.

Währenddessen wird die Kartoffel in Würfel geschnitten und die Karotten geraspelt.

Dann wird der Fisch mit den Kartoffeln, den Karotten sowie etwas Öl wie beispielsweise Leinöl gekocht.

Im Anschluss kannst du den Fisch in den Fressnapf geben. Das Gemüse kann bei Bedarf vorher püriert werden. Dann noch ein bis zwei Esslöffel Brühe dazu mischen.

Vor dem Servieren auf Zimmertemperatur abkühlen lassen sowie Dill und Petersilie klein-hacken und über die Mahlzeit streuen.

Vegetarische Rezepte

Grüner Smoothie

Die Zutaten beziehen sich auf eine Portion für einen Hund mit etwa 20 kg Gewicht.

Zutaten:
35 g Petersilie
120 g Banane
200 ml Kokosmilch
15 g Haferflocken
170 g Eiswürfel

Zubereitung:
Wasche zuerst die Petersilie und schäle die Banane.
Dann werden Petersilie, Banane, Kokosmilch und Haferflocken in einem Mixer gründlich durchgemixt.
Gib im nächsten Schritt die Eiswürfel dazu und vermixe alles zu einer cremigen Mischung.
Danach ist der Smoothie bereit zum Servieren.

Früchte-Müsli

Die Zutaten beziehen sich auf eine Portion für einen Hund mit etwa 20 kg Gewicht.

Zutaten:

40 g Haferflocken
250 ml Kokosmilch
1 gehäufter EL Blaubeeren
Himbeeren, Menge nach Geschmack
Kokosraspeln zum Garnieren
Optional 4 Walnüsse

Zubereitung:

Die Haferflocken können auf zwei verschiedene Arten vorbereitet werden. Entweder du kochst sie mit Milch auf oder du weichst sie am Abend zuvor in Wasser ein.
Dann kommen die vorbereiteten Haferflocken in den Napf. Falls die Haferflocken aufgekocht wurden, müssen sie vor dem Servieren unbedingt abkühlen.
Gib dann die Blaubeeren, Himbeeren sowie die Kokosraspel dazu.
Das Müsli kann mit ein paar Walnüssen ergänzt werden, allerdings ist zu beachten, dass diese recht viel Fett enthalten.

Kichererbsen mit Gemüse

Die Zutaten beziehen sich auf eine Portion für einen Hund mit etwa 20 kg Gewicht.

Zutaten:
400 g Zucchini
200 g Karotten
400 g Kichererbsen aus der Dose
2 EL Naturjoghurt
2 EL Olivenöl oder Rapsöl
2 Bund Petersilie

Zubereitung:
Wasche zuerst das Gemüse und schneide es in kleine Stücke oder rasple es. Die Petersilie wird kleingehackt.

Erhitze danach das Olivenöl in der Pfanne auf mittlerer Stufe. Als erstes kommen dann die Karotten und direkt im Anschluss die Zucchini in die Pfanne.

Etwa 2 bis 3 Minuten später werden auch die Kichererbsen dazugegeben. Dann lässt du das Gemüse für weitere 5 Minuten in der Pfanne dünsten, während du immer wieder mal umrührst.

Im letzten Schritt wird dann die Petersilie hinzugefügt und der Naturjoghurt untergerührt.

Vor dem Servieren bitte abkühlen lassen.

Gemüsesuppe

Bei Bedarf kannst du auch eine größere Menge zubereiten und in Portionen einfrieren. Die Zutaten beziehen sich auf eine Portion für einen Hund mit etwa 20 kg Gewicht.

Zutaten:

1 l Wasser

1 EL vegetarische Bio-Gemüsebrühe, zuckerfrei

2 Eier

1 Tasse Reis

3 Karotten

Zubereitung:

Im ersten Schritt koche das Wasser mit der Gemüsebrühe auf.

Währenddessen kannst du die Karotten in kleine Stücke schneiden.

Gare danach den Reis und die Karotten in der aufgekochten Brühe.

Als letztes werden dann noch die zwei Eier in die Suppe gegeben.

Sobald die Suppe abgekühlt ist, darfst du damit deinen Vierbeiner verköstigen.

Vegetarische Pizza

Dieses Rezept lässt sich auch leicht mit anderen Zutaten und auch mit Fleisch als Belag variieren. Bei Bedarf kannst du auch eine größere Menge zubereiten und in Portionen einfrieren. Die Zutaten beziehen sich auf eine Portion für einen Hund mit etwa 20 kg Gewicht.

Zutaten:

150 g Weizenmehl
80 ml lauwarmes Wasser
10 g frische Hefe
1 EL Olivenöl
200 g Mozzarella
30 g Chinakohl
Etwas Oregano
Etwas Basilikum

Zubereitung:

Zunächst bereitest du den Teig zu, indem du das Weizenmehl mit dem lauwarmen Wasser, der Hefe und dem Olivenöl vermischst und für etwa 5 Minuten knetest.

Dann lasse den Teig zum Gehen für etwa 30 Minuten zugedeckt an einem warmen Ort stehen. Rolle ihn schließlich auf einem Backblech aus und lasse ihn weitere 10 Minuten gehen.

Im nächsten Schritt wird der Pizzateig belegt. Schneide dazu den Mozzarella in dünne Scheiben und verteile ihn auf dem Teig. Die nächste Schicht besteht aus dem klein geschnittenen Chinakohl. Je nach Vorlieben deines Hundes, kannst du aber auch andere Zutaten wählen. Zum Schluss kommt noch etwas fein gehackter Oregano und Basilikum auf die Pizza.

Dann wird die Pizza im vorgeheizten Backofen auf der mittleren Schiene für etwa 20 Minuten bei 180 °C mit Ober- und Unterhitze gebacken.

Denk vor dem Servieren ans Abkühlen.

Kohlrabi-Karotten-Suppe

Diese Suppe eignet sich optimal als Ergänzung zu einem Fleischgericht, aber auch als vegetarische Mahlzeit in Kombination mit Frischkäse oder Quark. Die Zutaten beziehen sich auf eine Portion für einen Hund mit etwa 20 kg Gewicht.

Zutaten:

2 große Kohlrabi, gerne mit Blättern
3 große Karotten
Etwas Petersilie und Basilikum

Als vegetarische Mahlzeit zusätzlich mit:

100 g Frischkäse oder Quark

Zubereitung:

Zuerst wird das Gemüse mit wenig Salz weichgekocht. Die dabei entstandene Gemüsebrühe bitte nicht wegschütten.

Dann kommt das weichgekochte Gemüse mit den Kräutern zum Pürieren in den Mixer.

Verdünne das Gericht schließlich mit der vorhin entstandenen Gemüsebrühe.

Falls du dieses Gericht nicht als Beilage zu einem Fleischgericht verwendest, sondern du es als vegetarische Mahlzeit fütterst, kannst du nun noch Quark oder Frischkäse hinzugeben.

Rezepte bei Verdauungs-beschwerden

Morosche Karottensuppe

Diesen Klassiker bei Durchfall, der sogar eine antibiotische Wirkung hat, kannst du auch auf Vorrat kochen und einfrieren.

Zutaten:

1 kg Karotten

1 g Salz

Wasser

Zubereitung:

Die Karotten werden gewaschen, geschält und dann in kleine Würfel geschnitten.

Im nächsten Schritt werden sie 90 Minuten lang in Wasser gekocht, indem du sie einmal aufkochst und dann weiter köcheln lässt.

Zum Schluss pürierst du alles inklusive des Kochwassers unter Beifügen von 1 g Salz.

Vor dem Verfüttern abkühlen lassen.

Als Variante darfst du der Moroschen Karottensuppe gerne auch gekochtes Huhn hinzufügen.

Schonkost mit Hüttenkäse

Hilft bei Durchfall. Die Zutaten beziehen sich auf eine Portion für einen mittelgroßen Hund.

Zutaten:
⅓ Karotte
⅓ Hüttenkäse
⅓ Milchreis
1 EL Leinsamen
1 Apfel (optional)

*Ein Esslöffel Leinsamen stärkt die
Verdauung deines Hundes.*

Zubereitung:
Koche den Milchreis mit der doppelten Menge Wasser.
Dann rasple die Karotte klein und mische sie mit dem Hüttenkäse sowie optional dem klein geschnittenen Apfel unter den abgekühlten Milchreis.
Danach noch den Leinsamen untermischen.
Zum Aufbau nach einem überstandenen Durchfall, kann dieses Rezept auch mit Hühnerfleisch ergänzt werden.

Seelachs mit Reis

. . . .

Der Seelachs mit Reis hilft bei Durchfall und allgemeinen Magenbeschwerden. Die Zutaten beziehen sich auf eine Portion für einen mittelgroßen Hund.

Zutaten:

1 Beutel Reis
1 Karotte
100 g Seelachs

Zubereitung:

Der Seelachs und auch der Reis werden in salzarmem Wasser gekocht. Danach vermische die beiden Zutaten, ehe du die Karotte reibst und ebenfalls untermischst.

Vegetarische Schonkost bei Magenbeschwerden

Dieses Rezept hilft auch bei Vitaminverlust und Dehydrierung nach einer Durchfallerkrankung. Die Zutaten beziehen sich auf eine Portion für einen mittelgroßen Hund.

Zutaten:
1 Beutel Reis
1 Karotte
½ Apfel
1 EL Leinsamen
2 EL Hüttenkäse

Zubereitung:
Der Reis wird gekocht, bis er gar ist. Dann reibe den Apfel und die Karotte und mische sie zusammen mit den Leinsamen unter. Ist der Reis abgekühlt, gib noch den Hüttenkäse dazu.

Pute mit Haferflocken und Kartoffeln

Hilft bei Verstopfung. Die Zutaten beziehen sich auf eine Portion für einen Hund mit etwa 20 kg Gewicht.

Zutaten:

60 g Haferflocken (alternativ Gerstenflocken)
220 g Putenbrust ohne Haut
120 g Kartoffeln
70 ml Kefir
2,5 TL Sonnenblumenöl

Zubereitung:

Zuerst koche die Haferflocken in Wasser. Wichtig ist, dass sie mindestens fünf Minuten länger gekocht werden als angegeben, damit sie wirklich sehr weich werden. Dazu muss ausreichend Wasser dazugegeben werden. Danach gieße den Großteil des Wassers ab, so dass ein Brei zurückbleibt, den du dann abkühlen lässt.

Im nächsten Schritt brate die Putenbrust ohne Zugabe von Fett in einer Pfanne an. Sie darf allerdings nicht braun werden, was die Zugabe von Wasser verhindert. Lasse die Putenbrust im Anschluss abkühlen, schneide die klein und gib die Haferflocken bei.

Die Kartoffeln kannst du entweder in einem Dampfgarer oder in einem Sieb, das abgedeckt in einem Topf mit kochendem Wasser hängt, für zehn Minuten dünsten. Sind die Kartoffeln gar, können sie abkühlen. Zerdrücke sie im Anschluss zusammen mit dem Kefir.

Zum Schluss gib das Öl hinzu. Et voilà!

Hühnerfleisch mit Reis und Hüttenkäse

Wenn nach einer Erkrankung die Darmfunktion wieder aufgebaut werden soll, hilft dir dieses Rezept. Auch Appetitlosigkeit deines Hundes kannst du dadurch schnell wieder beseitigen. Die Zutaten beziehen sich auf eine Portion für einen mittelgroßen Hund.

Zutaten:

150 g mageres Hühnerbrustfilet
1 Beutel Reis
1 Karotte
EL Hüttenkäse
EL Haferflocken

Zubereitung:

Zuerst schneide das Hühnerbrustfilet in kleine Stücke und koche es dann in Wasser. Auch der Reis wird gekocht und danach zum gekochten Hühnerfleisch gegeben.
Reibe zum Schluss die Karotte und mische sie zusammen mit dem Hüttenkäse und den Haferflocken unter.

Barf-
Rezepte

Fisch mit Süßkartoffeln und Blattspinat

Die Zutaten beziehen sich auf eine Portion für einen Hund mit etwa 20 kg Gewicht.

Zutaten:
480 g Fisch
80 g Süßkartoffel
60 g Blattspinat
2 TL Haferflocken
1 Ei

Zubereitung:

Die meisten Fische kannst du komplett verfüttern. Nur bei Knorpelfischen und Fischen mit dicken Gräten sind Filets besser. Wenn du einen ganzen Fisch füttern möchtest, empfehlen wir Lodden oder Sprotten. Falls dein Hund etwas zunehmen soll, kannst du Lachs ausprobieren. Außerdem sind unter anderem Thunfisch, Barsch und Seelachs sehr beliebt. Bei diesem Rezept kann der Fisch komplett, in Stücke geschnitten oder zerteilt angerichtet werden.

Im nächsten Schritt säubere das Ei sorgfältig mit heißem Wasser. Dann gib das Eigelb mit den Eierschalen in einen Mixer und püriere es. Das Eiweiß kommt in eine Pfanne und wird angebraten.

Koche anschließend die ungeschälten Süßkartoffeln weich, ehe du sie abspülst und mit einer Gabel zerdrückst.

Damit die Haferflocken gut verwertet werden können, bringe sie zum Quellen, indem du sie für etwa 10 Minuten in lauwarmes Wasser legst.

Blanchiere schließlich den Blattspinat in kochendem Wasser und zerkleinere ihn anschließend im Mixer.

Danach gib alle zubereiteten Zutaten in den Fressnapf deines Lieblings. Guten Appetit!

Pute mit Fenchel und Brokkoli

Die Zutaten beziehen sich auf eine Portion für einen Hund mit etwa 20 kg Gewicht.

Zutaten:
360 g Putenfleisch
60 g Putenleber
60 g Putenkarkasse (klein gehackt)
60 g Fenchel
54 g Brokkoli
6 ml Leinöl

Zubereitung:
Putenfleisch, Putenleber und klein gehackte Putenkarkasse in den Fressnapf geben.

Faserige Stücke und den Strunk vom Fenchel entfernst du. Den Brokkoli schneidest du in kleine Stücke. Dann werden Fenchel und Brokkoli gekocht und anschließend püriert.
Zum Schluss wird das Gemüse zum Fleisch in den Fressnapf gegeben und dann mit dem Leinöl übergossen.

Rindergulasch mit Blättermagen und Entenhälsen

Die Zutaten beziehen sich auf eine Portion für einen Hund mit etwa 20 kg Gewicht.

Zutaten:

240 g Rindergulasch

120 g Blättermagen

120 g Entenhälse (klein gehackt)

60 g Karotte

54 g Rote Beete

6 ml Leinöl

Zubereitung:

Gib Rindergulasch, Blättermagen und die klein gehackten Entenhälse in den Fressnapf.
Im nächsten Schritt werden die Karotten und Rote Beete gewaschen und in Würfel geschnitten, dann gekocht und schließlich püriert.
Gib nun das Gemüse zum Fleisch in die Futterschüssel und übergieße es mit dem Leinöl.

Rindfleisch mit Spinat und Birne

Die Zutaten beziehen sich auf eine Portion für einen Hund mit etwa 20 kg Gewicht.

Zutaten:

200 g Rindermuskelfleisch (durchwachsen)

90 g Pansen

30 g Rinderherz

20 g Rinderleber

60 g Spinat

40 g Birne

5 g Knochenmehl

1 TL Leinöl

Zubereitung:

Schneide das Fleisch in Stücke und gib es in den Fressnapf.

Danach werden der Spinat und die Birne gewaschen, püriert und anschließend auf das Fleisch in den Napf gegeben.

Füge noch vor dem Servieren das Knochenmehl und das Leinöl hinzu.

Bei Bedarf kannst du das Rezept noch durch die Zugabe von Kräutern wie zum Beispiel frischem Basilikum verfeinern.

Wildlachs mit Rind
....

Die Zutaten beziehen sich auf eine Portion für einen Hund mit etwa 20 kg Gewicht.

Zutaten:

150 g Wildlachs

100 g durchwachsenes Rindermuskelfleisch

50 g Rinderlunge

20 g Rinderblättermagen

20 g Rinderleber

30 g Blattsalat

30 g Pastinake

40 g Apfel

5 g Knochenmehl

1 TL Rapsöl

Zubereitung:

Schneide den Wildlachs und das Fleisch in kleine Stücke und gib alles in die Futterschüssel. Dann wasche das Obst und Gemüse sorgfältig, püriere es und gib es ebenfalls in den Napf. Zum Abschluss noch das Knochenmehl und das Rapsöl hinzufügen. Und fertig ist der Hundegaumenschmaus.

Rindfleisch mit gemischtem Gemüse

Die Zutaten beziehen sich auf eine Portion für einen Hund mit etwa 20 kg Gewicht.

Zutaten:

350 g durchwachsenes Rindfleisch

50 g Möhre

50 g Salatgurke

50 g Rote Beete

1 Apfel

1 TL Lachsöl

Zubereitung:

Das Rindfleisch kleinschneiden und in den Fressnapf geben.

Mische nun Möhre, Salatgurke, Rote Bete und Apfel und püriere alles fein. Danach füge es zum Fleisch hinzu und übergieße es mit dem Lachsöl.
Auf Wunsch kann das Rezept auch mit körnigem Frischkäse und einem Eigelb verfeinert werden.

Schaf mit Sellerie und Salat

Die Zutaten beziehen sich auf eine Portion für einen Hund mit etwa 20 kg Gewicht.

Zutaten:

350 g gemischtes Fleisch vom kompletten Schaf

50 g Sellerie

50 g Blattsalat

50 g Pastinake

50 g Birne

1 TL Olivenöl

Hagebuttenpulver

Zubereitung:

Zerkleinere das Fleisch und gib es in den Fressnapf.

Die Sellerie pürieren und mit Blattsalat, Pastinake und der Birne vermischen.

Zum Schluss verfeinerst du das Gericht mit dem Hagebuttenpulver und dem Olivenöl.

Pute mit Obst

· · · · · · · · · · · · · · · · · ·

Die Zutaten beziehen sich auf eine Portion für einen Hund mit etwa 20 kg Gewicht.

Zutaten:

350 g Putengulasch
50 g Banane
50 g Apfel
50 g Feldsalat
50 g Möhre
Petersilie
1 TL Lebertran
Seealgenmehl

Zubereitung:

Gib das Putengulasch in den Fressnapf.
Banane, Apfel, Feldsalat und Möhre mischst du mit etwas Petersilie und pürierst es anschließend.
Zum Abschluss gib Lebertran und Seealgenmehl hinzu.

Für den Veggie-Day

Die Zutaten beziehen sich auf eine Portion für einen Hund mit etwa 20 kg Gewicht.

Zutaten:

100 g körniger Frischkäse

100 g Süßkartoffeln

100 g gemischter Blattsalat

50 g Möhren

25 g Beeren, zum Beispiel Heidelbeeren

25 g Apfel

1 TL Hanföl

Zubereitung:

Schneide zunächst die Süßkartoffeln in Würfel, ehe du sie in ungesalzenem Wasser gar-kochst. Danach werden die Süßkartoffeln zusammen mit dem Salat, den Möhren, Beeren und dem Apfel püriert und in den Fressnapf gegeben.

Gib anschließend den Frischkäse und das Öl hinzu und vermenge alles miteinander.

Rindfleisch mit Brokkoli und Banane

Die Zutaten beziehen sich auf eine Portion für einen Hund mit etwa 20 kg Gewicht.

Zutaten:

320 g Rindergulasch
80 g Pansen
80 g Rinderleber
40 g Brokkoli
½ Banane
1 TL Öl

Zubereitung:

Zuerst werden das Fleisch und die Innereien in Stücke geschnitten oder klein gehackt.
Schneide dann den Brokkoli in kleine Stücke und blanchiere ihn in etwas Wasser mit einer Prise Steinsalz für etwa drei Minuten. Anschließend wird er klein geschnitten oder püriert, bevor du ihn unter das Fleisch mischen kannst.
Zerdrücke als nächstes die Banane mit einer Gabel und mische sie ebenfalls unter.
Zum Abschluss gib noch das Öl hinzu.
Bei Bedarf kann dieses Rezept mit Kräutern verfeinert werden.

Bei Verdauungsproblemen

Die Zutaten beziehen sich auf eine Portion für einen Hund mit etwa 20 kg Gewicht.

Zutaten:

240 g Huhn
80 g Hühnerhaut
160 g Innereien
80 g Möhren
1,5 g Spirulina
1 TL Eierschalenmehl
1,5 TL Sonnenblumenöl
1 Prise Steinsalz

Zubereitung:

Dieses Rezept kann nicht nur roh, sondern auch in einer gekochten Variante zubereitet werden, in der es sich vor allem für Hunde eignet, die nach einer Krankheit wieder aufgebaut werden müssen.

Das Fleisch wird in Stücke geschnitten und entweder direkt in den Fressnapf gegeben oder bei Bedarf für etwa 5 Minuten in etwas Wasser mit einer Prise Steinsalz leicht gekocht. Bei der gekochten Varianten darfst du den Sud abkühlen lassen und ihn später deinem Hund zum Trinken anbieten oder ihn zusätzlich unter das Futter mischen.

Danach schneidest du die Möhren in kleine Stücke, die dann mindestens eine Stunde lang mit einer Prise Steinsalz gekocht werden. Anschließend kannst du die Möhren pürieren und sie auskühlen lassen, bevor du sie dem Fleisch und den Innereien untermischst.

Zum Schluss werden noch das Eierschalenmehl, Spirulina und das Sonnenblumenöl dazugegeben. Du kannst die Mahlzeit nun deinem Hund servieren.

Hundefutter zum Einwecken

Die jeweilige Menge hängt davon ab, wie viele Portionen vorbereitet werden sollen. Generell solltest du hier das klassische Verhältnis von etwa 80 % tierischen zu etwa 20 % pflanzlichen Bestandteilen beachten.

Zutaten:

Rinderhackfleisch

Innereien vom Rind, zum Beispiel Milz, Lunge, Leber, Niere

Couscous

Karotten

Fenchel

Kartoffeln

Apfel

Kräuter, zum Beispiel frisches Basilikum und Rosmarin

Zubereitung:

Alle Zutaten werden in einen Topf mit etwas Wasser gegeben und sollten dann bei niedriger Hitze für etwa 30 Minuten köcheln.

In der Zwischenzeit bereitest du die Einweckgläser vor. Um sie zu säubern, stelle sie mit dem Deckel, aber geöffnet, bei 140 °C für etwa 10 Minuten in den Backofen. Im Anschluss sollten die Gläser mit den Deckeln direkt verschlossen werden, damit sie sauber bleiben.

Sobald auch das Gemüse gut durchgekocht ist, zerkleinere alles im Mixer.

Danach wird die noch heiße Mischung randvoll in die Gläser gegeben, die dann gut verschlossen werden müssen. Während des Abkühlens bildet sich in den Gläsern ein Vakuum, das dafür sorgt, dass das Futter im Glas nicht verdirbt, sondern sogar mehrere Monate hält.

Rezepte für Leckerlis & Hundekekse

Bananenkekse

Zutaten:

2 Bananen

200 g Weizengrieß

1 EL Honig

Zubereitung:

Zuerst werden die Bananen mit einer Gabel zerdrückt. Verrühre den Bananenbrei anschließend zusammen mit dem Weizengrieß und dem Honig in einer Schüssel. Mit der Menge an Grieß kannst du die Konsistenz des Teigs beeinflussen.

Der Teig ist optimal, wenn sich kleine feste Bällchen formen lassen. Die Größe der Bananenkekse sollte passend zur Größe deines Hundes sein.

Lege die Kugeln dann auf ein Backblech und backe sie bei 120 °C etwa 15 Minuten lang.

Die Bananenkekse müssen gut ausgekühlt sein, bevor dein Hund sie kosten darf.

Da sowohl die Bananen als auch der Honig recht süß sind, empfehlen wir, die Bananenkekse wirklich nur als Leckerchen zu füttern und niemals in größeren Mengen.

Roggenkekse mit Karotte

Zutaten:

300 g Roggenmehl
50 g Haferflocken
50 g Leinsamen
200 g Karotten
2 Eier

Zubereitung:

Zuerst darfst du die Karotten vorbereiten. Sie sollten gewaschen, geschält und in Scheiben geschnitten werden. Koche sie danach in einem Topf mit Wasser etwa 5 bis 7 Minuten lang. Gieße im nächsten Schritt das Wasser ab und püriere die Karotten, bis ein gleichmäßiger Brei entsteht.

Der Karottenbrei kommt dann zusammen mit dem Roggenmehl, den Haferflocken und dem Leinsamen in eine Schüssel. Schlage nun die Eier auf und gib sie ebenfalls dazu.

Alle Zutaten werden miteinander verrührt, bis ein Teig entsteht. Dabei ist es hilfreich, wenn du nach und nach etwas Wasser dazugibst.

Rolle den Teig schließlich aus. Die Kekse können in beliebiger Form und Größe ausgestochen oder per Hand geformt werden.

Auf einem Backblech backst du die Kekse dann bei 200 °C auf der mittleren Schiene für etwa 30 bis 45 Minuten.

Vor dem Verfüttern müssen die Kekse unbedingt gut ausgekühlt sein.

Apfelplätzchen

Zutaten:
¼ Apfel
50 g Weizenkleie
100 g Müsli (ohne Früchte)
25 g geschroteter Leinsamen
1 Ei

Zubereitung:

Zuerst wird der Apfel geschält und in kleine Streifen geraspelt, wobei du darauf achten solltest, dass das Kerngehäuse nicht mitverarbeitet wird. Die Apfelstückchen kommen dann zusammen mit der Weizenkleie, dem Müsli, was kein Früchtemüsli sein sollte, dem Leinsamen
und dem Ei in eine Schüssel.

Beim Verrühren kannst du noch etwas Wasser dazugeben, damit ein gleichmäßiger Teig entsteht.

Je nach Größe deines Hundes werden dann die Plätzchen geformt und auf ein Backblech
gelegt.

Bei 120 °C werden sie für 30 bis 45 Minuten gebacken.

Achte bitte darauf, dass die Plätzchen gut ausgekühlt sind, ehe du sie verfütterst.

Hundekuchen

Dieses Rezept kannst du je nach Geschmack individuell variieren.

Zutaten:

150 g Quark

6 EL Milch

6 EL Sonnenblumenöl

1 Eigelb

200 g gemahlene Hundefutterflocken

Zubereitung:

Alle Zutaten werden in einer Schüssel gut miteinander vermischt.

Du kannst bei dem Basisrezept bleiben oder aber den Geschmack durch eine oder mehrere weitere Zutaten ändern. Geeignete Zutaten wären zum Beispiel Käse, Honig, Schinken oder Speck.

Der Teig wird dann in Bällchen geformt und auf einem Backblech bei 200 °C etwa 30 Minuten lang gebacken.

Denke daran, dass das Gebäck vor dem Verfüttern gut ausgekühlt sein muss.

Leberwurst-Kekse

Zutaten:

250 g Leberwurst
500 g feine Haferflocken
300 g Hüttenkäse
100 ml Sonnenblumenöl
1 Ei

Zubereitung:

Alle Zutaten werden in einer Schüssel gründlich vermischt und dann für etwa 1 Stunde in den Kühlschrank gestellt. Sollte der Teig danach noch zu viel Feuchtigkeit enthalten und ein Ausrollen schwierig sein, kannst du weitere Haferflocken dazugeben, bis er sich auf etwa 1 cm Dicke gut ausrollen lässt.

Die ausgestochenen oder ausgeschnittenen Kekse backst du bei 150 °C Umluft für etwa 30 Minuten. Lasse sie anschließend im ausgeschalteten Backofen noch gut durchtrocknen.

Leckerli mit Thunfisch

Zutaten:

1 Dose Thunfisch im eigenen Saft
1 Ei
etwas gehackte Petersilie
zum Andicken: Mehl, Polenta oder Haferflocken

Zubereitung:

Verrühre alle Zutaten miteinander. Damit du den Teig zu Bällchen formen kannst, darfst du gerne etwas Mehl, Polenta oder Haferflocken verwenden. Achte bei Polenta darauf, dass der Teig etwas feuchter bleiben muss.

Anschließend werden die Leckerlis bei 150 °C Umluft für etwa 30 Minuten gebacken. Lasse sie im ausgeschalteten Ofen trocknen.

Kekse mit Sesam und Erdnussbutter

Zutaten:

150 g Weizenmehl
150 g Weizenvollkornmehl
150 g Roggenmehl
4 EL Sesam
1 EL ungesalzene Bio-Erdnussbutter
1 Ei

Zubereitung:

Vermische in einer Schüssel das Weizenmehl, das Weizenvollkornmehl und das Roggen-mehl. Dann Sesam, die Erdnussbutter, das Ei und etwas Wasser dazugeben.
Rolle den Teig anschließend aus und steche die Kekse aus.
Im Backofen werden sie dann bei 160 °C für etwa 45 bis 60 Minuten gebacken, bis sie gold-braun sind.

Käsekekse

· · · · · · · · · · · · · · ·

Zutaten:
200 g Mehl
100 g geriebener Käse
100 g Hüttenkäse
50 g Knäckebrot
1 Ei
1 EL Öl

Zubereitung:

Vermische alle Zutaten gut miteinander, bis ein gleichmäßiger Teig entsteht, der zu Bällchen geformt werden kann.

Die Käsekekse werden dann bei 180 °C für etwa 25 Minuten gebacken und sollten daraufhin im ausgeschalteten Backofen noch trocknen.

Hundekekse zur Zahnpflege

Zutaten:

150 g Weizenvollkornmehl

150 g Weizenmehl

75 g Weizenkeime

40 g fettarmes Milchpulver

250 g Instant-Hühnerbrühe

3 EL Öl

3 EL Petersilie

½ TL Salz

Zubereitung:

Das Weizenvollkornmehl und das Weizenmehl mit dem Großteil der Weizenkeime, Milchpulver und Salz vermischen. Lasse einige Weizenkeime übrig, da du sie später noch brauchst.

Dann verrühre in einer anderen Schüssel die Hühnerbrühe mit dem Öl und vermenge anschließend alles zusammen gründlich zu einem weichen Teig.

Im nächsten Schritt werden kleine Teigstücke in den restlichen Weizenkeimen gewendet und flach gedrückt auf ein Backblech gelegt.

Bei 200 °C werden sie etwa 20 Minuten gebacken. Damit die Kekse schön hart werden, lasse sie danach noch ein paar Stunden lang im Backofen liegen.

Kartoffelkekse

Schnell und einfach!

Zutaten:

300 g Vollkornmehl

100 g Kartoffelbrei

Zubereitung:

Vermische das Vollkornmehl mit dem Kartoffelbrei. Gib bei Bedarf etwas Wasser dazu, damit ein Teig entsteht, der sich gut ausrollen oder formen lässt.

Die Kekse dann bei 180 °C für 20 Minuten backen und danach vor dem Verfüttern gut auskühlen lassen.

Kekse mit Babykost

Ein sehr schnelles und besonders unkompliziertes Rezept mit vielen Möglichkeiten zum Variieren.

Zutaten:

1 Glas Babykost mit Obst oder Gemüse
1 Tasse Vollkornmehl

Zubereitung:

Gib das Vollkornmehl in eine Schüssel und rühre die Babykost unter, bis ein gleichmäßiger Teig entsteht. Dann kannst du den Teig ausrollen. Die Kekse kannst du ausstechen oder in Stücke schneiden.

Backe sie bei 180 °C für etwa 25 Minuten und lasse sie vor dem Verfüttern gut auskühlen.

Eiskekse mit Joghurt und Erdnuss

Optimal als Erfrischung an heißen Tagen!

Zutaten:
900 g Joghurt
3 TL Erdnussbutter
1 große Banane
1 TL Honig (nicht nötig)

Zubereitung:

Schneide als erstes die Banane in Scheiben. Danach werden alle Zutaten miteinander verrührt, bis eine cremige Masse entsteht.
Fülle diese Masse in Förmchen aus Silikon und friere sie für mindestens zwei Stunden ein.

In einem luftdichten Behälter können die Eiskekse dann im Gefrierfach aufbewahrt werden.

Eis
für Hunde

Vor allem im heißen Sommer ist ein Eis für Hunde eine leckere, aber auch erfrischende Abwechslung. Geschmacklich kannst du dabei auf die individuellen Vorlieben deines Vierbeiners eingehen.

Die ausgewählten Zutaten werden gemischt und können dann in beliebige Formen gefüllt werden, in denen du sie für mindestens zwei Stunden oder besser über Nacht ins Gefrierfach legst. Dazu eignen sich zum Beispiel Eiswürfelformen, Backmatten mit unterschiedlichen Motiven, Backformen wie zum Beispiel für Donuts oder Muffins, aber auch Joghurtbecher. Auch Eis am Stiel kannst du kreieren, indem du zum Beispiel einen Kauknochen oder einen Streifen getrocknete Rinderhaut mit in die Form einfrierst.

Besonders bei hastigen Hunden solltest du unbedingt darauf achten, dass das Hundeeis langsam geleckt wird und nicht große Stücke verschlungen werden, um Bauchschmerzen zu vermeiden.

Grundrezept

Zutaten:

3 EL Quark, Joghurt oder Hüttenkäse

1 TL Öl, zum Beispiel Leinöl, Rapsöl oder Sonnenblumenöl

2 EL Zutat nach Wahl, zum Beispiel püriertes Obst, gekochtes und püriertes Fleisch, Leberwurst, Thunfisch, püriertes Gemüse, Fleisch- oder Gemüsebrühe

Bananen-Eis

Zutaten:

2 EL Quark

½ TL Öl

1 TL Honig

¼ überreife, zerquetschte Banane

Quark-Eis

Zutaten:

2 EL Quark

½ TL Öl

Kleingeschnittenes, gekochtes Puten- oder Hühnchenfleisch,
Menge und Sorte nach Geschmack

Leberwurst-Eis

Zutaten:

2 EL Hüttenkäse

½ TL Öl

1-2 EL Leberwurst

Wassermelone-Joghurt-Eis

Zutaten:

2 EL Naturjoghurt

Zerkleinerte Wassermelone, Menge nach Geschmack

Haferflocken-Joghurt-Eis

Zutaten:

2 EL Naturjoghurt

2 EL Haferflocken

Quellenverzeichnis

Abendrot, J. (2018): Hundefutter & Hundekekse – Das Hundekochbuch: Verwöhnen Sie Ihren Vierbeiner gesund und natürlich durch die besten Hundefutter Rezepte

Animals-digital (undatiert): Gesunde Hundeernährung. Link: https://www.animals-digital.de/hunde/ernaehrung/hundeernaehrung/ (zuletzt besucht am 03.03.2021)

Backhaus, T. (undatiert): Gesund gefüttert für ein langes Leben: So findest du die richtige Futtersorte für deinen Hund. In: Das gesunde Tier nach Tierarzt Thomas Backhaus. Link: https://www.dasgesundetier.de/magazin/artikel/futtersorten-hunde (zuletzt besucht am 03.03.2021)

Barbara (2019): Hundekrankheiten – Wie die Ernährung Hundekrankheiten beeinflussen kann. In: Hundefutter-Ratgeber. Link: https://hundefutter-ratgeber.info/hundekrankheiten/ (zuletzt besucht am 03.03.2021)

Barbara (2020): Die wichtigsten natürlichen Zutaten und Rohstoffe im Hundefutter: was muss enthalten sein? In: Hundefutter-Ratgeber. Link: https://hundefutter-ratgeber.info/natuerliche-rohstoffe-im-hundefutter/ (zuletzt besucht am 03.03.2021)

Bubeck (undatiert): Basiswissen über die Ernährung des Hundes. Link: https://www.bubeck-petfood.de/ratgeber-blog/basiswissen-ueber-die-ernaehrung-des-hundes (zuletzt besucht am 03.03.2021)

Das gesunde Tier nach Tierarzt Thomas Backhaus (undatiert): Ratgeber Hundeernährung. Link: https://www.dasgesundetier.de/magazin/kategorie/hundefutter-ratgeber (zuletzt besucht am 03.03.2021)

Dogscooting (undatiert): Ernährung. Link: https://www.dogscooting.de/hunde/ern%C3%A4hrung/ (zuletzt besucht am 03.03.2021)

Echt Hundgerecht (2018): Welches Hundefutter ist empfehlenswert für deinen Hund? Link: https://www.echthundgerecht.de/hunde-ratgeber/richtige-hundeernaehrung/welches-hundefutter-ist-empfehlenswert-fuer-deinen-hund (zuletzt besucht am 03.03.2021)

Echt Hundgerecht: Richtige Hundeernährung - gesund und ausgewogen. Link: https://www.echthundgerecht.de/hunde-ratgeber/richtige-hundeernaehrung/ (zuletzt besucht am 03.03.2021)

Franziska (2019): Hundefutter-Trends – welche Fütterungsart ist für euch am besten? In: Das Lieblingsrudel. Link: https://das-lieblingsrudel.de/hundefutter-trends/ (zuletzt besucht am 03.03.2021)

Graßmeier, N. (2012): Trockenfutter oder Nassfutter – was ist für Hunde besser? In: Tiermedizin Portal. Link: https://www.tiermedizinportal.de/ernaehrung/futtervergleich/hundefutter/trockenfutter-oder-nassfutter-was-ist-fur-hunde-besser/433943 (zuletzt besucht am 03.03.2021)

Guter Hund (undatiert): Hundeernährung. Link: https://www.guter-hund.de/hundeernaehrung/ (zuletzt besucht am 03.03.2021)

Hundemagazin (undatiert): Ernährung. Link: https://hundemagazin.info/category/ernaehrung/ (zuletzt besucht am 03.03.2021)

Knof, S. (undatiert): Barfen – gesund oder riskant? In: Tierarztpraxis Schmitten. Link: https://www.tierarzt-schmitten.de/tierisch-aktuelles/barfen-pro-und-contra-zum-fest-der-liebe-und-des-futterns/ (zuletzt besucht am 03.03.2021)

Pferd & Hund vital (undatiert): RESTING ENERGY REQUIREMENTS. Link: https://www.phvstore.com/rer/ (zuletzt besucht am 03.03.2021)

Rat Hund Tat (undatiert): Hundeernährung. Link: https://www.rat-hund-tat.de/hundeernaehrung/ (zuletzt besucht am 03.03.2021)

Rehberg, C. (2020): Gesunde Tiernahrung für Haustiere. In: Zentrum der Gesundheit. Link: https://www.zentrum-der-gesundheit.de/artikel/tiere/gesunde-tiernahrung-ia (zuletzt besucht am 03.03.2021)

Ritter, M. (undatiert): Barf – Hunde und Katzen richtig barfen. In: Barfen. Link: https://www.barfen.info/ (zuletzt besucht am 03.03.2021)

Rückert, R. (2018): Hunde vegan ernähren: Sofort zur Anzeige bringen oder erst mal drüber nachdenken? Link: https://www.tierarzt-rueckert.de/blog/details.php?Kunde=1489&Modul=3&ID=20478 (zuletzt besucht am 03.03.2021)

Schmitt, S (undatiert): Tierernährung: Mythen und Fakten. In: Tierklinik Ismaning. Link: https://www.tierklinik-ismaning.de/tierernaehrung-mythen-und-fakten/ (zuletzt besucht am 03.03.2021)

Tierklinik Ismaning (undatiert): Barfen. Link: https://www.tierklinik-ismaning.de/barfen/ (zuletzt besucht am 03.03.2021)

Tiermedizin Portal (undatiert): Rund um die Ernährung des Hundes. Link: https://www.tiermedizinportal.de/hundeernaehrung-nahrung-barfen-hund-special (zuletzt besucht am 03.03.2021)

Till, C. & Engler, J. (2019): Gesundes Hundefutter selbstgemacht: Die 55 besten Rezepte. Erschienen bei Riva

Trappe, C. (2012): Frischfleisch für Hunde. In: Tiermedizin Portal. Link: https://www.tiermedizinportal.de/ernaehrung/futtervergleich/hundefutter/frischfleisch-fur-hunde/215621 (zuletzt besucht am 03.03.2021)

Trappe, C. (2013): Hundefutter selber kochen. In: Tiermedizin Portal. Link: https://www.tiermedizinportal.de/ernaehrung/futtervergleich/hundefutter/hundefutter-selber-kochen/040804#wbounce-modal (zuletzt besucht am 03.03.2021)

Trappe, C. (2018): Was fressen Hunde? In: Tiermedizin Portal. Link: https://www.tiermedizinportal.de/ernaehrung/futtervergleich/hundefutter/was-fressen-hunde/165116 (zuletzt besucht am 03.03.2021)

Veteri (undatiert): Futterarten. Link: https://www.veteri.de/hunde/ernaehrung/futterarten (zuletzt besucht am 03.03.2021)

Veteri (undatiert): Hundefutter umstellen – so wird's gemacht. Link: https://www.veteri.de/hunde/hundefutter-umstellen (zuletzt besucht am 03.03.2021)

Veteri (undatiert): Tiergesundheit. Link: https://www.veteri.de/hunde/ernaehrung (zuletzt besucht am 03.03.2021)

Philipp Pfote ist ein Label der EK-2 Publishing GmbH

Friedensstraße 12
47228 Duisburg
Registergericht: Duisburg
Handelsregisternummer: HRB 30321
Geschäftsführer: Monika Münstermann

E-Mail: info@ek2-publishing.com

Covergestaltung und Satz: Wolkenart - Media Design, Marie-Katharina Becker,
www.wolkenart.com
Lektorat:: Jill Marc Münstermann
Bildnachweise: Hund mit Napf von Gladskikh Tatiana, Shutterstock; Quinoa von Andrii Horulko, Shutterstock; Jack Russell Terrier mit Knochen von thka, Shutterstock; Wolf von Sholty1970, Pixabay; Pinienkerne von Waldrebell, Pixabay; Seelachsfilet von Saphir1, Pixabay; Putenbrust von Planet_Fox, Pixabay

1. Auflage, März 2021

ISBN Paperback: 978-3-96403-130-3
ISBN E-Book: 978-3-96403-129-7
ISBN Hardcover: 978-3-96403-131-0

Disclaimer:
Die Informationen in diesem Ratgeber sind mit größter Sorgfalt zusammengestellt worden, erheben aber keinen Anspruch auf Vollständigkeit oder Unfehlbarkeit. Demnach handelt jeder Hundehalter und jede Hundehalterin auf eigene Verantwortung. Die EK-2 Publishing GmbH übernimmt keine Haftung für eventuell auftretende Schäden an Mensch und Tier.

Printed in Poland
by Amazon Fulfillment
Poland Sp. z o.o., Wrocław
08 September 2021

2707cbc2-04b9-4526-be99-6f64d0d0c90cR01